How to Live on 24 Hours a Day

如何度过每天的
24 小时

Arnold Bennett

[英] **阿诺德·本涅特** 著

魏微 译

云南人民出版社

果麦文化 出品

你必须在每天的 24 小时里,

获得健康、快乐、金钱、满足感、

他人的尊重和不朽灵魂的升华。

目录

序言 001

第 1 部分

第 1 节	日复一日的奇迹	009
第 2 节	对额外成就的渴望	017
第 3 节	心理准备的重要性	025
第 4 节	烦恼的根源	033
第 5 节	网球与不朽的灵魂	041
第 6 节	牢记天性	049
第 7 节	控制思绪	055
第 8 节	善于反省	063

第 9 节	对艺术的兴趣	071
第 10 节	生活没有乏味之物	079
第 11 节	认真阅读	087
第 12 节	需要避免的问题	095

第 2 部分

第 1 节	思维的效率	105
第 2 节	告别过去	129
第 3 节	活在当下	137
第 4 节	买书的哲学	147
第 5 节	论成功	157

| 附 录 | 下班后开启新的一天 | 179 |

序言

这篇序言虽然放在本书开头,但其实更适合作为结尾。

我收到了大量关于这本小书的来信和评论,有些评论已公开发表,其长度几乎和本书的篇幅不相上下。我几乎没看到什么负面评论。有人说,我的行文略显浮夸,不过我不赞同这个观点,所以这些意见我没放在心上。要是没有其他更严肃的批评出现,我差不多想说,这本书简直完美!不过,本书确实收到了更严肃的批评,不过不是来自媒体,而是来自几位非常真诚的读者。其实我在写作过程中就预见了这种情况。引起争议的内容如下:"很多时候,他对工作根本没有热情,充其量只是不厌恶工作罢了。只要还有选择,他就不会早早地开工;只要还有选择,他都会早早地下班,而且是欢欢喜喜地下班。工作的时候,他也很少全力以赴。"

这几位读者情真意切地说,很多商务人士,不光是那些身居要职或前途大好的人,也包括那些发不了大财的普通员工,其实真的很喜欢自己的工作。他们不会逃避责任,也不会迟迟开工又早早下班。他们全身心地投入一天的工作,而且下班的时候真的疲惫不堪。

我相信他们说的,真的。我一直都有这样的体会。我自己曾在伦敦市及郊区长期担任普通职位,我发现,有的同辈确实对工作表现出了真正的热情,而且工作时全力以赴。但我相信,这些幸运和快乐的人(可能比他们自己想象的还要快乐)并非大多数,甚至连少数都不到。我也相信,大多数正派、平凡(有抱负和理想)的上班族,下班时不会真的疲惫不堪。他们挣起钱来,不会拼死拼活,他们的职业令人厌倦,而不是饶有趣味。

不过,我承认这一小部分人非常重要,值得关注,我不应该像之前那样,完全忽略他们。一位读者在来信中用一句通俗的话总结了这些人的困境,他是这样说的:"我像任何人一样,渴望'超计划安排',做点别的事情,不过，我晚上六点半到家时，没有你想象的那么有精神。"

我必须指出，那些热情投入每日工作的少数人，他们的情况比那些三心二意、浑浑噩噩从事本职工作的大多数人要好得多。前者不太需要别人告诉他们"如何生活"，他们在 8 小时的工作时间内，会真正地活着；他们会全力以赴，发挥自己的才干。至于另外 8 小时的时间，他们可能安排得一塌糊涂，甚至完全浪费。但每天浪费 8 小时，总比浪费 16 小时要好；有几小时真正活着，总比完全浑浑噩噩要好。真正可悲的是上班混日子，下了班躺平的人，这本书主要是为这样的人写的。一位更幸运的人说："我的日常安排比他复杂，可我也想另有所成！我的生活还算充实，我想过得更充实美满，可是，上了一天的班之后，我真的不想再去抠出另外一天。"

事实上，作为作者，我应该预见到，本书最能吸引的是那些对生活有兴趣的人，因为只有尝过生活甜头的人，才会想着让生活更加丰富多彩。那些从来不愿意从床上起来，去做点事情的人是最难叫醒的。

好吧，这少部分人，假设你们每天赚钱的动力不强，不愿尝试本书的所有建议，不过有几条试试也无妨。我承认，要利用下班路上的时间可能有点为难，但上班路上的时间人人都能用起来。另外，每个星期从周六到周一的40小时，也可以利用起来，虽然轻度疲劳可能会让你们觉得无法全力以赴。另外，每周还有三个或更多晚上的"重要时间段"可用。你直截了当地说，晚上太累了，实在没力气做计划外的事情。作为回答，我也直截了当地告诉你，如果你的日常工作如此疲惫不堪，说明你的生活本来就出了问题，必须做出调整。一个人的精力不应该被日常工作耗尽。具体该怎么做呢？

最好的办法是规划好对日常工作的精力投入。每天上班之前，投入部分精力，做一些"超计划"的事情。简而言之，早上起早一点。你说你早上起不来，因为晚上没法早点睡觉，要不然家里的节奏就乱套了。但我认为，晚上早点睡肯定是能做到的。如果你坚持早起，同时又睡眠不足，你肯定很快就能找到早点睡的办法。再者，在我的印象中，早起不会导致睡眠不足。这些年来,我越来越认识到,睡眠问题在一定程度上是习惯和懒惰的问题。我相信,大多数人之所以睡那么久,是因为他们找不到其他消遣。你觉得卡特帕特森(Carter Paterson)公司的货车司机每天能睡多久?我咨询了一位医生,他在伦敦某个繁荣的郊区上班,有25年的大型综合性诊所临床经验,该郊区住着像你我一样的普通人。他是个直截了当的人,他的回答也很直截了当:

"大多数人睡得太多,把自己给睡糊涂了。"

他还说,90%的人如果少睡一会儿,会更健康,生活也会更有乐趣。

其他医生也验证了这个观点,当然,这种做法不适合正在长身体的青少年。

早起1小时、1.5小时,甚至2小时。如果觉得睡不够,那就早点上床睡觉。在超计划安排的问题上,其实早上1小时的做事效率相当于晚间2小时。"但是,"你说,"不吃点东西,没有家政人员帮忙,我的一天没法开始。"亲爱的先生,在不到1先令就能买一盏上好酒精灯(包括一口炖锅)的年代,你该不会把自己的幸福交给经常变动的家政人员吧！你可以晚上就把工作交代清楚。告诉你的家政工，晚上就把餐盘准备好，在上面放两块饼干，一套茶杯和茶碟，一盒火柴和一盏酒精灯；在灯上放一口锅；在锅上放好盖子——但是反过来放；在反过来的盖子上放一个小茶壶，里面放一点茶叶。你要做的就是划一根火柴——就这么简单。3 分钟后水开了，你把它倒进茶壶里（茶壶已经暖了），再过 3 分钟茶就泡好了。你可以一边喝茶，一边开始崭新的一天。对不动脑筋的人来说，这些细节可能看起来微不足道，但对深思熟虑的人来说，它们非常重要。要想实现生活与工作的平衡，关键就在于能不能在非茶点时间喝上茶。

A.B.

第1部分

第 1 节

日复一日的奇迹

世间万物,之所以捉摸不透,正是因为时间的存在。

有了时间,一切皆成;没有时间,万事皆空。

时间这东西,确实是日复一日的奇迹。

"没错,他就是那种不懂安排的人:条件优越,收入稳定,买买生活必需品和奢侈品,完全不成问题。当然,不是挥霍无度的那种买法。可不知怎的,这个家伙的日子总是过得紧巴巴,他的钱是花出去了,却没买到什么东西。上好的公寓,一半是空的!好像还老是有中介来看房。新买的套装,他配一顶旧帽子!漂亮的领带,配一条松松垮垮的裤子!请你吃饭,他用的是雕花玻璃餐具,里面却装着难吃得要死的羊肉,给你端上一杯土耳其咖啡,那杯子居然是裂的!他还搞不明白,自己怎么会过成这样。其实原因很简单,他的钱没用对地方。要是我有他一半的收入!我会教他这样过日子……"

你看,大多数人都会自命不凡,对别人说三道四。

这年头的人骄傲起来,个个都觉得自己是当财政大臣的料。确实，报纸上到处都能见到这样的文章，告诉人们"有多少钱，就过多少钱的日子"。关键是，这些文章还总能激起热火朝天的讨论，真是一说到钱，人们立马就来了精神。最近，某家报纸围绕某个话题展开了热烈讨论：每年给一个女人85英镑[1]，看她在英国能不能过上舒服日子。我看过一篇文章，标题是《如何靠8先令[2]过一个星期》。但我从未见过哪篇文章，标题叫作《如何度过每天的24小时》。人们常说，时间就是金钱。不过，这句名言其实低估了这样一个事实：时间远比金钱宝贵。如果你有时间，那你八成能赚到钱。但是，即使你跟卡尔顿酒店衣帽间的服务员一样有钱，在花钱买时间方面，也不会比我好多少，甚至可能连火炉旁的那只猫都不如。

哲学家把空间问题讲明白了，但是时间问题，至今

---

[1] 本书创作于1907年，当时英国普通工人的年薪在50到100英镑之间，85英镑可以覆盖一个普通家庭的基本生活费用。
[2] 在1907年，英国工人阶级家庭每周的开销大约为10到20先令，主要的开支项目包括租金、食物、燃料等基本生活需求。1英镑 = 20先令。

还无定论。世间万物,之所以捉摸不透,正是因为时间的存在。有了时间,一切皆成;没有时间,万事皆空。时间这东西,确实是日复一日的奇迹。仔细一想,这事还真是令人惊诧。每天早晨醒来,看吧,你的"钱包"居然又装满了 24 小时,这可是你生命中尚未进行任何加工的东西,是属于你本人的、最宝贵的财富。时间,是一种极为独特的商品,而且以同样独特的方式赠予你无穷的财富!

注意!没有人能夺走你的时间。时间偷不走,而且每人每天的时间都是一样的,谁也不多,谁也不少。

时间是最适合用来谈论"理想民主"的东西。在时间的领域里,财富和知识都换不来特权。就算你是天才,你的一天也不会变成 25 个小时。与此同理,即使你浪费了时间,也不会受到惩罚。你大可以浪费宝贵的时间,它的总量不会变。这世上不会从哪里冒出来一股神秘的力量说:"我看这人就算不是无赖,也是个傻子。他不配拥有时间,我要把他的时间给掐了。"时间这东西,比政府债券还可靠,而且它的支付不受礼拜天的影响。另外,你不能预支未来，所以也就不可能欠下时间债！你只能浪费当下的时间，但不能浪费明天，明天的时间一直为你留着呢。你也不能浪费接下来的1小时，它同样为你留着。

要我说，时间就是奇迹。不是吗？

每天你有24小时来过日子。在这24小时里，健康、快乐、金钱、满足感、他人的尊重，还有不朽灵魂的升华，样样都得照顾到。怎样正确、有效地利用时间，是最紧迫、最激动人心的问题。你的日子过得好不好，正是取决于如何利用时间。我的朋友们，你们竭力追求却难得拥有的幸福，全部由时间说了算。奇怪的是如今这些报纸，明明看上去勇于进取、追赶潮流，却偏偏把大幅版面给了"有多少钱，过多少钱的日子"，而不是写一写"如何利用固定的时间财富来生活"！金钱哪有时间这么宝贵。人们想想就会明白，金钱是最普通的东西，世上到处都有金钱的影子。

要是一个人没法做到"有多少花多少"，要么多干活挣钱，要么偷别人的，要么登广告讨钱。要是谁一年1000英镑都不够花，他的生活不一定过得一团糟。他要是再加把劲儿，赚回来更多的几尼[1]，就不会入不敷出。但是，如果每天 24 小时赚来的钱，不够当天的开销，那就不好说了。虽然时间常有，让人欣慰，可时间有限，又让人觉得残酷。

试问，有谁真正过好了每天的 24 小时？我说的"过好了"，不是指"单纯活着"，也不是指"浑浑噩噩地过日子"。谁不曾忧虑，觉得日常生活中的"大笔开销"没有掌管好？谁能肯定，一身笔挺的西装配一顶寒酸的帽子，不会影响自己的风度？谁能保证，光想着用上精美的餐具，而不会忘了搭配同样可口的食物？谁不是时时都在告诉自己，甚至一生都在重复这句话：等我有时间，我就会做出改变？

可是，我们永远不会有更多时间。不管过去，还是未来，我们永远只有这么多时间。这个真理如此深刻，却往往没人当回事。我也是认识到这一点之后（顺便说一句，这真理可不是我发现的），才决心仔细研究人们每天如何支配时间。

---

[1] 几尼：英国旧时金币或货币单位，价值 21 先令或 1.05 英镑。

浪费时间的 n 种方式

闲暇时疯狂刷手机

凌晨 3 点疯狂赶 ddl

第 2 节

对额外成就的渴望

除了天经地义的事情之外,

我们还应该另有所成。

"但是,"有人也许会反驳,而且用的是英国人那种除了要紧事,其他都无所谓的口吻,"一天 24 小时,这家伙到底想说什么?我一天过 24 小时,根本没有半点困难。我想做的事情都做了,还有时间玩报纸上的填字游戏之类的。谁不知道每天只有 24 小时,过好这 24 小时就够了啊!"

抱歉,这位先生,我之前可能草率了。我活了差不多四十年,还从没遇见像您这样的人。能否告诉我您的姓名和地址,以及我需要付多少钱,您才能教我如何利用时间?您讲起道理来,肯定比我恳切,请务必跟我们分享一下。我深信,世间肯定有您这样善用时间的人,我却从未遇见,这是我的损失。不过,在您现身之前,就先由我继续献丑,跟那些为了时间而烦恼的同胞们聊天吧。毕竟有这么多人，因为眼睁睁看着时间一分一秒流逝，自己却没法过好每一天，而或多或少地感到痛苦。

细想一下，就会发现这是一种掺杂了不安、期待、希望和渴求的心情。这种感觉老是让我们惴惴不安，只要我们开心享乐，它就会像骷髅一样时隐时现。在剧院看表演时，我们笑容满面，可到了幕间，这感觉就会用瘦骨嶙峋的手指，朝着我们指指点点。为了赶末班车，我们朝着站台一阵狂奔，就在上气不接下气，等着列车开过来的那好一阵子，这感觉又会在我们身边晃动着一片片骨头，问道："哦，人啊，你的青春去哪儿了？你这把年纪，又在做些什么？"也许你会争辩说，这种不断向前看的感觉或渴望，本就是生活的一部分，跟生活密不可分。你说的确实没错！

但是，人的渴望也有程度之分。比如有人可能想去麦加圣地，他的良心告诉他，他应该去。于是，他动身了，也许跟的是库克旅行社的团，也许是自由行。他可能永远到不了麦加，也许还没到塞德港就溺水了，也许在红海岸边不甚体面地死去。他的愿望可能永远无法实现，没有抵达麦加这件事会一直折磨他。但比起另一个想去麦加，心里痒得不行，却永远留在布里克斯顿[1]、光想不做的人，他受到的折磨是不一样的。

光是走出布里克斯顿，就已经很了不起。毕竟很多人都没出过远门，有的人甚至都没坐上出租车，哪怕去拉德盖特广场的库克旅行社，问问跟团旅行的价格，而他的借口是一天只有 24 小时。

人们之所以会产生这种说不清道不明，又让人惴惴不安的渴望，是因为受到一种固有观念的影响：除了天经地义的事情之外，我们还应该另有所成。毕竟不管有没有明文规定，让自己和家人过得好，偿还债务，存点钱，提高工作效率赚更多的钱，等等，都是天经地义的事情。可光是天经地义的事情，做起来都已经是难上加难了，几乎很少有人能做到游刃有余！哪怕做到了，也会一山望着一山高，因为欲望的骷髅可不会让我们歇着。

---

1 布里克斯顿（Brixton）：位于英国伦敦南部贝兰斯区，距离伦敦市中心大约几公里远。

哪怕明白自己力所不及，这山已经高得无论如何也爬不上去了，我们还是会觉得，只要敦促自己忙活起来，就能减轻失落感。

确实如此。凡是有点思想的人，通常都希望自己在本职工作之外另有所成。

问题是，光想不做只会让人心烦意乱，只有行动才能解决问题。人们对这种"渴望"有不同的叫法，我把它解释为一种普遍的求知欲，其程度之强烈，甚至会导致那些毕生希望在某个领域有所建树的人，偏离原来的目标。哪怕是赫伯特·斯宾塞[1]，我心目中有史以来最伟大的思想家，也经常被这种欲望带偏，跑去研究一些讨人喜欢却不太深入的东西。

在我看来，大多数对生活有所渴望，即拥有求知欲的人，他们对"额外"成就的追求，通常会跟文学沾边。比如，人们会开启阅读之旅，而且英国人也确实越来越

---

[1] 赫伯特·斯宾塞（Herbert Spencer，1820 — 1903）：英国哲学家、社会学家、教育家，被誉为"社会达尔文主义之父"。

热衷于文学。但我要指出的是，文学不能代表所有领域的知识，那种寝食难安，想要提升自我、学习知识的渴望，不是非得跟文学沾边才能实现，后文我将谈到具体方法。在此，我想告诉那些天生不喜欢文学的人，文学并非获取知识的唯一途径。

"成为更好的自己"的渴望

理想中:闪闪发光的成功人士

现实里:只是活着就很累的废柴

第 3 节

心理准备的重要性

允许意外的发生,

同时顺应人的性情,

尤其是你自己的性情。

如果我前面说的，让你感同身受，觉得自己就是那个感觉生活压抑，对日常安排不满意的人，而你之所以惴惴不安，主要是因为你老觉得每天有很多事情想做，却苦于无法完成；如果你就是那个"要是我有更多时间"，就可以做更多事情的人；如果我让你注意到了这个扎眼的事实，即你永远不会有"更多的时间"，因为每个人的时间只有这么多，你肯定希望我能给你传授一些秘诀，这样你就能离理想更近，把每天的生活都安排得尽善尽美，而之前那种挥之不去、老觉得事情没做完的沮丧与失望也会消失。

可惜，我没有找到什么秘诀。我不指望自己能找到，也不指望别人能找到，因为根本就找不到。也许一开始，你从我的话里听出了一点意思，心中涌起一阵希望，心想:"这人会给我指一条明路,让我不用劳神费力,就能轻松实现我一直想做却没做成的事情。"

但是,这是不可能的!世上没有什么捷径,也没有康庄大道可以走。去往麦加的路艰难又崎岖,最糟糕的是,你可能永远也到不了那里。

要想妥善安排自己的生活,利用好每天 24 小时这笔财富,过得充实,过得舒适,最重要的是做好心理准备,冷静地认识到这件事情非常困难,不仅需要牺牲,还需要坚持不懈的努力。这一点,怎么强调都不为过。

如果你以为,用一支笔一张纸,别出心裁地制作一张时间表,就能实现理想,你趁早放弃这种想法。如果没有做好心理准备,去面对挫折和失意。如果无法接受苦心付出却回报甚少,时间表做得再好,也帮不了你。你照样会躺平,一边慵懒地打着瞌睡,一边焦虑不安,因为这就是你所谓的活着。

这件事情很可悲,对吧?而且还让人感到很压抑,很忧郁。不过我觉得这样倒挺好。在做任何要紧事之前,适当紧张和集中精神都是必要的,我自己就是这样的"紧张派"。而且我认为,这就是我跟火炉旁边那只猫的主要区别。

"好吧,"你说,"就算我做好了准备,就算我仔细揣摩了,也理解了你这番沉重的理论,但我该从哪里开始呢?"亲爱的先生,你只管放手去做就行了。对于撸起袖子干这件事情,哪里还需要什么魔法。如果有人站在泳池边,想跳进冷水里,他问你:"我要怎么跳?"你肯定会说:"跳下去就行了,鼓起勇气,往下一跳。"

如前所述,时间最美妙的地方在于,人们无法预支时间,再把它浪费掉。明年、明天、下一个小时全都为你留着,它们是全新的、没人用过的,就像你职业生涯中从未浪费或滥用过的一分一秒。这一点着实令人非常欣慰,只要你愿意,随时都能翻开崭新的一页。因此,等到下周,甚至等到明天再做决定,没有任何好处。你可能幻想着,下周池水会更暖和,结果你发现,水更冷了。

但行动之前,我想私下提醒几句。

首先，不要太过热情。对成功的渴望会给人误导，而且也不可靠。它大声疾呼，让你热情似火地投入，但再多的热情也不够，这种渴望会驱使你投入更多，恨不得让你改变自然规律，移山填海。在你殚精竭虑之前，这渴望可没个止境。可突然之间，那热情就蒸发了，甚至连一句"我受够了"都懒得说。

因此，一开始不要急于求成，把目标定得太高。哪怕收获微小，也要学会满足。允许意外的发生，同时顺应人的性情，尤其是你自己的性情。

一两次失败本身不要紧，只要没伤害你的自尊和自信，便无大碍。就像"一事成功百事顺利，一事不顺百事不利"，很多人以失败告终，正是因为他们一开始贪多嚼不烂。因此，我们要在一天 24 小时的时间里，实现"生活充实美满"的伟大目标，最好避免出现一上来就失败的情况。人们常说，光荣的失败胜过渺小的成功，但在过好每一天这件事情上，我不敢苟同。我宁愿收获渺小的成功，也不想要什么光荣的失败，因为一次渺小的成功之后，可能还会收获更大的成功。

接下来，我们分析一下每天的时间分配。你说自己每天都塞得满满当当。真的吗？你实际用来维持生计的时间是多少？平均每天 7 小时？实际睡眠 7 小时？我算得宽裕些，再多加 2 小时。那剩下的 8 小时呢，你能说说这些时间都用去哪儿了吗？

急于求成是大忌

1个月前：我要减重20斤

1个月后：大吃大喝反胖3斤

第 **4** 节

烦恼的根源

如果一个人把一天中的 16 个小时看成另外 8 个小时的附庸，

而且更要命的是，他连这 8 个小时都提不起什么热情，

他要如何指望过得充实而美满？想都不用想。

为了准确把握人们对时间的消费问题,我必须通过个案来做分析。我要举一个例子,但这例子不具有普遍性,因为具有普遍性的个例是不存在的,就像没有哪个人能代表所有人一样。人和人的情况,各不相同。

假如我以伦敦的一位上班族为例,他过的是朝十晚六的日子,早晚的通勤时间分别是 50 分钟,这个例子已经相当接近普遍情况,因为有些人为了生计,工作的时间更长,有些人则更短。

幸好,我们要讨论的不是经济状况,因为这并非本书主题。无论是每周薪水只有 1 英镑的职员,还是坐拥卡尔顿豪宅的百万富翁,他们拥有的时间都一样。

这位上班族在对待每天的时间方面,错就错在总体态度有问题。态度问题耗去了他三分之二的精力与兴趣。

很多时候，他对工作毫无热情，充其量只是不厌恶罢了。只要还有选择，他就不会早早开工，只要还有选择，他都会早早下班，而且是欢欢喜喜地下班。工作的时候，他也很少全力以赴（我知道愤怒的读者会指责我诋毁伦敦的上班族，但以我对这座城市的了解，我说的情况并不离谱）。

尽管如此，这位上班族坚持把早上 10 点到下午 6 点看作"一天"，之前的 10 个小时和之后的 6 个小时不过是前奏和尾声罢了。这种态度，自然会磨灭他对剩下 16 个小时的兴趣，或许连他自己都没有意识到这个问题。即使他没有浪费这 16 个小时，他也谈不上妥善利用，因为在他看来，这些时间是多余的。

这种态度不合逻辑，也不健康。因为这样一来，生活重心就变成了朝十晚六，还有这 8 个小时内的一连串事情。这位上班族一心想的是，"熬过去"和"完事"就行。如果一个人把一天中的 16 个小时看成另外 8 个小时的附庸，而且更要命的是，他连这 8 个小时都提不起什么热情，他要如何指望过得充实而美满？想都不用想。

如果这位上班族想要过得充实美满,他就必须从这一天当中,抠出"另外一天"。就像中国套盒一样,这多出来的一天从当天下午6点开始,到次日上午10点,一共是16个小时。这16个小时,他应该全部用来滋养身心,与人为善。这16个小时,他是自由的,不是上班族,也不必为生计发愁;他跟那些有额外收入的人没有区别。他必须抱着这样的态度来对待时间,他的一生成功与否,就取决于此(这件事可比他有多少财产重要得多,更别提他的遗嘱执行人还得为这笔财产缴纳遗产税)。

什么?你说把全部精力投入这16个小时,会降低另外8小时的工作效率?恰恰相反,这样做其实能提高本职工作的效率。这位上班族需要明白一点,人的大脑能持续进行高强度活动,它不会像胳膊或腿那样感到疲倦。大脑需要的是调节,而不是休息,当然睡眠除外。

我们来看看这位上班族起床之后,怎样花光了属于他自己的16个小时。此处先谈他的具体行为以及问题,至于我"清理"出来的时间(这种清理就像拓荒者在林中清理空地一样),暂不做安排。

平心而论，他在早上9点10分出门之前，几乎没有浪费什么时间。很多人都是9点起床，9点7分到9点9分30秒之间，争分夺秒地吃完早餐，然后匆匆出门。可是，就在他"哐"的一声关上门的瞬间，他那不知疲倦的大脑就蔫了下来。他心不在焉地走到车站，到了那里，通常要等一会儿。伦敦郊区有数百个站台，每天早上，人们都在站台悠闲地晃来晃去，铁路公司正在从他们手里偷走比金钱还宝贵的时间，却没有半点愧疚。就因为这个家伙对时间不上心，也从未想过采取一些简单的预防措施，挽救时间的流逝，每天不计其数的时间就这样浪费了。

实际上，他每天都有一枚牢靠的时间硬币可用，我们姑且称之为索维林金币[1]。他必须把这枚金币换成零钱，而且换零的过程中，他居然还心甘情愿折损，哪怕折损严重。

---

1 索维林金币（sovereign）：最早由英国国王亨利七世于1489年下令批准铸造，迄今已有500多年历史。sovereign有"君主"之意，所以索维林金币又称"君主金币"。

试想一下，要是铁路公司卖给他一张票，然后说："我们为你兑换这枚金币，但要收取 1.5 便士的手续费。"可以想象，这个家伙会怎样大喊着抗议？这种行为，与铁路公司每天早晚各偷走他 5 分钟并无区别。

你说，这些都是细枝末节。确实如此，但后文我会给读者一个交代。现在，就请买份报纸，踏上早班列车吧。

下班后也要好好生活

8 小时工作

16 小时自由

第 5 节

网球与不朽的灵魂

随你怎么说。

下班之后我确实很累,也需要跟朋友聚会放松一下,

人不能总绷着一根弦吧。

你带着报纸,坐上了早班列车,心平气和、郑重其事地读了起来。你一点也不着急,因为你知道这车还要开上半个小时。你懒洋洋地看着报纸外页的货运和歌曲广告,逍遥自在,气定神闲,仿佛你的那颗星球,一天有 124 小时,而不是 24 小时。我热爱读报,每天读五份英文日报、两份法文日报,至于我平时读了多少份周报,恐怕只有报纸经销商知道了。我必须提及这一私人爱好,以免有人指责我反对早上坐车读报,是对报纸有偏见。报纸匆匆印刷,人们匆匆阅读。我的日程表没有留下专门的读报时间,而是利用闲暇来做这件事情,但我确实是个读报的人。可是,连续花上三四十分钟宝贵的独处时光来读报(因为除了待在满车厢安静、内敛、自顾自抽烟的男子中间之外,很难找到其他能够彻底自我沉浸的场合），我还是受不了。我怎么能让你像挥霍无度的东方财主一样，这般浪费宝贵的时间。毕竟，你可不是主宰时间的帝王。请允许我好心提醒你，你拥有的时间和我一样多。不要在列车上读报！这样一来，这45分钟就能留作他用。

接着，你到了办公室。下午6点之前的这段时间，此处不做讨论。我知道上班族午间通常有1小时的休息时间（实际上常常是1.5小时），午餐用不了一半的时间。不过这段时间你可以自由安排，读报也没问题。

下午6点，你下了班，面色苍白、疲惫不堪。不管怎样，你妻子是这么形容的，而且你确实给她这样的感觉。回家路上，你的倦意越来越浓，那倦意就像伦敦郊外上空阴郁的云层一样，而且，是冬天的云！一回到家，你没有马上吃晚餐，而是瘫坐下来。就这么瘫了差不多1小时之后，你觉得该坐起来，给身体补充点营养了。吃完东西之后，你又郑重其事地点上一支烟，跟几个朋友碰了个面，散散步，玩玩牌，翻翻书，中途想了想年龄不饶人的问题，四处溜达，摸摸钢琴……不知不觉，竟然已经晚上 11 点 15 分。接下来，你又花了足足 40 分钟时间，思考是该上床睡觉，还是喝一杯平时那种上好的威士忌。最后，精疲力竭的你终于躺到床上。从你下班算起，6 个小时，甚至更多的时间，就像梦一样，像魔术一样，不知不觉消失了！

这种情况非常典型。你可能会说："随你怎么说。下班之后我确实很累，也需要跟朋友聚会放松一下，人不能总绷着一根弦吧。"此言有理。但是，假如你是去剧院看表演（尤其是跟漂亮女士一起），情况又会如何呢？你匆忙赶回郊区的家里，大费周折翻出漂亮衣服，把自己打扮得光鲜亮丽，又搭另一趟车赶回城里，你紧张的心情即使没有持续 5 个小时，起码也有 4 个小时。看完剧，你先把这位女士送回家，自己才回家，然后倒头就睡，根本不会花 45 分钟时间去考虑该不该睡觉的问题。朋友也好，上班的疲惫也好，全被抛之脑后，这个晚上似乎如此漫长（或者如此短暂）！你是否还记得，别人劝你参加业余歌剧社合唱，整整三个月，每隔一个晚上都要苦苦练唱两个小时的日子？黄昏日暮，能有点事情让自己倾心投入,光是这点盼头就能让自己的一整天神采奕奕、活力倍增,你能否认这一点吗?

我的建议是,每天下午6点,正视现实、承认自己并不疲倦(因为你知道自己确实不疲倦),安排好晚间生活,不要被晚餐打断。这样一来,你至少拥有连续3个小时的时间。当然,我并不建议你每天晚上都用3个小时,耗尽自己的脑力。一开始,可以每隔一天,每晚用1.5个小时做一些重要的、陶冶情操的事情。这样,你还有三个晚上可以跟朋友聚会、打桥牌、打网球、做点家务、读点书、抽抽烟、照顾一下花花草草、散散步或者玩玩有奖竞猜之类的。从周六下午2点到周一上午10点,你还有44个小时,这可是一笔惊人的财富。如果你坚持不懈,很快你就会乐意每周投入四个晚上,甚至五个晚上,做那件需要持续集中注意力的事情,过上真正充实的生活。你也会戒掉原来的习惯,不用到了晚上11点15分就嘟囔着说,"该考虑上床睡觉了"。推开房门睡觉之前,要花40分钟来思考睡觉问题的人简直无聊透顶,换言之,他根本没有真正地生活。

但要记住，最开始的每周三个晚上，每晚 90 分钟的时间，是一周的 10,080 分钟里头最重要的事情。这段时间是神圣的，就像戏剧彩排或网球比赛一样神圣。跟他人推辞的时候，不要说"不好意思，老兄，今晚没法碰面了，我得赶去网球俱乐部"，而是堂堂正正地说"我得工作"。我承认，这话很难说出口。毕竟在很多人看来，与追求不朽的灵魂相比，打网球可要紧多了。

是"活着"而不是"生活"

上班时啥也没做却觉得精疲力尽

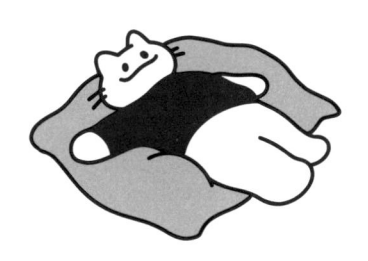

下班后只想躺平

第 6 节

牢记天性

改变习惯,

意味着必须做出某种牺牲,

而且需要惊人的毅力。

我前面提到，从星期六下午 2 点下班到星期一上午 10 点上班，中间有长达 44 个小时的时间。至此，我必须谈谈一周应该安排六天还是七天的问题。多年以来，实际上快到 40 岁的时候，我一直每周安排七天。年长睿智的人常常告诉我，一周安排六天比七天更有效率，日子过得更好。

确实，如果一周当中有那么一天，不用费心按计划行事，全凭兴之所至，更能体会每周放松一次的道德价值。然而，如果从头再来，我还是会像过去那样安排生活。只有那些长期以来每周七天都充实度日的人，才能真正体会到，拥有固定的闲暇时间，是多么美好。更何况，我在慢慢变老，所以年龄也是个问题。要是遇见朝气蓬勃、精力分外旺盛又渴望另有所成的年轻人，我会毫不犹豫地说：日复一日，请努力奋斗吧！

不过一般情况下，我会说：一周做好六天的安排就行（这里是指额外计划）。如果你想延长计划，也没问题，但要跟自己的期望相符；把额外的时间视为意外之财，而不是固定不变的财富，这样恢复每周六天的日程安排时，就不会觉得自己的时间"财富"变少了，也不会感觉自己退步了。

现在总结一下讨论成果。到目前为止，我们已经弄清楚了怎样节约每天浪费的时间：每周六天，每天早上至少节省0.5小时，另外每周三个晚上，每晚节省1.5小时，总计每周节省7.5小时。

我建议先从这7.5小时着手。你可能会大声喊道："什么？你不是说要教我们如何生活吗？你只是从168个小时抽出了7.5小时！7.5小时，你是打算上演奇迹吗？"

好吧，坦白说，我确实要上演奇迹，如果你愿意见证的话。我想请你体验一下，虽然这种体验非常自然，也能解释清楚，但它跟奇迹没有区别。我认为，充分利用这 7.5 小时，会让你这一周过得更快，生活变得更丰富，哪怕你一向觉得索然寡味的工作，都能唤起兴趣。比如，**每天早晚锻炼 10 分钟，就能改善体格、增强体力，让人的整个身体状况有所改观，从中受益，而且没人会对此感到惊讶。**与此同理，平均每天花一个多小时来陶冶情操，能长久地让人精神焕发，这一点又何须惊讶呢？

人们或许确实应该投入更多时间来提升自己，而且付出的时间越多，收获就越大。不过，我倾向于从看似微不足道的小事做起。

如果没尝试过这种体验的人，可能连小事也很难做到。哪怕从时间丛林中"清理"出 7.5 小时都不容易，因为必须做出某种牺牲。有的人可能没安排好时间，但虚度的光阴一去不返；有的人或许做了些事情，但可能完全没动脑筋。要做到另有所成，就意味着改变习惯。

改变习惯真的很难！更何况任何改变，即使是往好的方向，也总是伴随着牺牲和不适。如果你以为，每周既能用 7.5 小时，坚持认真陶冶情操，同时又过着以前的生活，那你就错了。我想重申一次，改变习惯，意味着必须做出某种牺牲，而且需要惊人的毅力。

正因为我知道改变习惯十分困难，而且一旦失败会造成灾难性的影响，因此我真诚建议，从小事开始做起。你需要保护你的自尊，因为自尊是人的根本动力，如果精心计划的事情失败了，人的自尊往往会受到沉重打击。因此我再三重申：从小事低调做起。

如果你能坚持三个月，每周花 7.5 小时，认真地锻炼自己的脑力，你大可以放声高歌，庆祝自己上演了奇迹。

讲具体方法之前，我还想提一点建议。就晚间安排而言，为了完成 90 分钟的任务，可以给自己预留更多的时间。因为要考虑到意外情况，还要考虑到人的天性。比如，你可以用 9 点到 11 点 30 分这段时间，完成本来计划 90 分钟完成的任务。

微小的改变推动人生

完成计划的第一步就是从小事做起

慢一点也没关系,允许自己不赶进度

第 7 节

控制思绪

如果人不能集中注意力,不能向大脑发号施令并让它服从,也就无法真正地生活。

控制自己的思绪,是过上充实生活的首要条件。

人们常说："人不能控制自己的思绪。"其实不然，控制思维机器是完全可能的。既然千思万想、喜怒哀乐都源自人的思绪，那么控制神奇大脑的意志便极其重要。这番道理人人都懂，但大多数人一生都没有意识到它的深远含义和紧迫性。人们抱怨自己老是无法集中注意力，却不知道只要愿意锻炼，便能获得这种本领。

如果人不能集中注意力，不能向大脑发号施令并让它服从，也就无法真正地生活。控制自己的思绪，是过上充实生活的首要条件。

在我看来，每天的第一要事就是让自己的大脑步入正轨。你从里里外外把自己照顾得妥妥当当：不惜冒着受伤的风险，刮掉身上的毛发，跟一大帮人打交道，从牛奶工到杀猪佬，就为了让自己的肠胃运转良好。那何不花点工夫，滋养一下"大脑"这部精密机器呢？再说，这件事连外在的帮助都省了。从走出家门到抵达公司的这段时间，我留给你琢磨生活的艺术与窍门。

"什么？你让我在大街上、站台上、列车上，锻炼我的思维？等下了车，来到熙熙攘攘的大街上，还要继续锻炼？"没错。没有比这更简单的事情了，你不需要任何工具，甚至连一本书都不需要。不过，具体操作起来并不容易。

出门的时候，你可以集中注意力想一件事（一开始，随便想哪件事都行）。你可能还没走出十米远，就会走神。

你要揪住思绪的脖子，把它领回来。到车站之前，你可能会来来回回折腾 40 次。不要沮丧，继续坚持，你会成功的。如果能坚持不懈，就不会失败。借口说无法集中注意力，是懒惰的表现。举个例子，有天早上你收到一封让自己忐忑不安的来信，你必须字斟句酌，给对方回信。上班路上，你一直琢磨那封信，一到办公室坐下来，你马上就把回信写好了。还记得自己是怎么做到的吗？这个例子说明，在特殊情况下，你能够排除杂念，高度集中精神，像专制的君主一样控制自己的思绪。你坚信自己能做到，结果真的做到了。

每天坚持训练自己集中注意力（除了持之以恒，没有其他秘诀），你便能随时随地控制自己的思绪（这还不是最崇高的部分）。这种训练很方便。早上坐车，你要是为了锻炼肌肉带着哑铃，或者为了涨知识，带着十卷本的百科全书，可能会十分扎眼。可当你走在街上，或者坐在车厢的哪个角落里吸烟，或者站在地铁车厢里抓着吊环，谁能知道你正在进行每天最重要的活动？哪个蠢人会嘲笑你呢？

我不在意你想的是什么事情，只要你能集中注意力便足矣，关键在于约束自己的思维机器。不过，要是能一箭双雕，聚精会神地思考一些有用的事情，就更好了。我建议你静下心来，思考马可·奥勒留[1]或爱比克泰德[2]作品的某个章节，当然我只是建议而已。

不要看到两人的名字就吓得后退三尺。对我而言，没有谁的作品比马可·奥勒留或爱比克泰德更"实际"、更朴素，更适合你我这样的凡人汲取知识（凡人最讨厌的就是故弄玄虚、装腔作势和废话连篇）。夜里读上一章，何况这些作品的篇章是如此短小精悍，早上再集中精神，思考头天晚上读的内容，你就会知道我所言不虚了。

我知道你这会儿在想什么，我的朋友，就算你想掩饰也没用。我能听到你脑子里的声音，就像我耳边的电话铃一样清晰，你在对自己说："第七章之前，这家伙讲得还算有道理，让我有点兴趣，可是在列车上思考、锻炼注意力之类的，这话肯定不是讲给我听的。别人可能

---

[1] 马可·奥勒留（Marcus Aurelius，121 — 180）：古罗马帝国政治家、军事家、哲学家，罗马帝国五贤帝时代的最后一位皇帝（161 年 3 月 8 日 — 180 年 3 月 17 日在位），有希腊文著作《沉思录》传世。
[2] 爱比克泰德（Epictetus，约 55 ～约 135)：古罗马最著名的斯多葛学派哲学家之一。

觉得有用，但这一套对我来说太难了。"

我要满怀热情地重申一遍，这些话就是讲给你听的。事实上，是专门为你量身定制的。

如果你置之不理，就等于抛弃了你这辈子听过的、最宝贵的建议。当然，这条建议并非我的首创，因为这世间最睿智、最务实、最冷静的人早就明白了这样的道理。我只是转述而已。不妨尝试一下，控制自己的思绪。看看这个过程如何化解你生活中一半的难题，尤其是打消你的焦虑，这可悲、可耻但可避免的恶疾！

无法控制思绪的表现

我要冥想10分钟

1分钟后开始胡思乱想

第 8 节

善于反省

人啊,去认识你自己吧。

练就聚精会神的本领（每天至少应投入半小时），只是最基本的操作，就像刚开始学钢琴时的音阶练习一样。学会控制思绪，即人体最桀骜不驯的部分，就等于学会了驾驭自己的思维。但光是驾驭，不派上用场，等于劳而无功。因此，长时间的基础学习很有必要。

人们对这门学问的内容应该没有疑问，也不应该有疑问。凡是有判断力的人，无论长幼，应该都同意这一点。这门学问要学的不是文学，也不是艺术，不是历史，也不是科学，而是人自身。

"人啊，去认识你自己吧。"[1] 这句至理箴言，是如此

---

[1] 这句话被广泛认为是古希腊文化中的箴言，据称出自古希腊哲学家和导师苏格拉底之口。不过，这句话也出现在其他古希腊文献中，包括德尔菲阿波罗神庙门前的柱子上，因此其确切来源尚无定论。

耳熟能详，以至于我羞于引用，但我必须写下来，因为确有必要（我收回"羞于引用"这几个字，并为此感到惭愧）。

"人啊，去认识你自己吧。"我要大声疾呼。

这句箴言明明众人皆知，其道理无人不晓，却只有最睿智的人躬体力行，不知是何缘故。我深信，如今平凡善良的人们最缺的便是自我反省。

人们缺少反省的精神。我的意思是，我们没有思考过真正重要的事情，比如幸福、人生大方向、生活的馈赠、理性对行动的影响、人生原则与行为之间的关系。

不过你正在寻找幸福，对吗？你找到了吗？

也许你还没有找到，也许你觉得幸福难以企及，但有人确实得到了幸福。因为他们明白，幸福并非来自身心的享乐，而在于提升理性思考的能力，为人处世合乎自己的原则。

我想你没有勇气否认这一点。假如你赞同这个道理，却依然不花一点时间认真思考自己的理性、原则与行为，只能说明你在追求某个目标的时候，常常跳过了最关键的步骤。

这么一说,该羞愧的好像便不是我了。

不要担心,我不会强迫你在集中注意力的时候,考虑人生原则问题,因为这并非本书的主旨。如果你认为盗窃是正义之举,我也不予反驳。我强调的是,行为与原则不符的人生是愚蠢的人生;只有日复一日的反思、自省和坚定决心,才能做到行为与原则一致。盗贼悔恨终生,正是因为偷盗违背了人生原则。如果他们坚信偷盗是美德,那么铁窗生涯岂不是会成为一段快乐时光?而烈士死得其所,正是因为他们的壮举与人生原则一致。

至于理性(理性产生行为,且与原则的建立有关),它对生活的作用远比我们想象的要小。照道理,人应该通情达理,可是我们的本能经常占据上风,理性被抛之脑后。我们反省得越少,理性就越匮乏。下次你要是因为牛排煎过头了,对服务员大发雷霆,请将理性请入心灵深处,问问它的意见。它可能会告诉你,牛排不是服务员煎的,这事不归他管,即使你只能把气撒到他头上,煎过头的牛排也没法变成三分熟或五分熟。动怒只会让你丢了颜面，行为举止在智者眼里像个傻子，而且服务员白白受一顿气，牛排却依然是那块牛排。

理性会告诉你（而且它还不收咨询费）：下次再遇到牛排煎过头，你应该对服务员以礼相待，心平气和地要求他换一份。这样一来，牛排的问题解决了，你的颜面也保住了。

关于如何建立或调整原则，并付诸行动，人们可以从书中获得诸多帮助（每本需要6便士或以上）。我在上一章提到了马可·奥勒留和爱比克泰德，不过我还想起了一些更知名的作品，例如帕斯卡[1]、拉布吕耶尔[2]和爱默生[3]的著作。至于我自己，出门总会带着马可·奥勒留的书。书籍诚然可贵，但阅读并不能取代人们直面自己的

---

1 布莱士·帕斯卡（Blaise Pascal，1623－1662）：法国数学家、物理学家、哲学家。
2 拉布吕耶尔（La Bruyère，1645－1696）：法国作家、哲学家和道德家，主要作品为《品格论》。
3 拉尔夫·沃尔多·爱默生（Ralph Waldo Emerson，1803－1882），美国思想家、文学家、诗人。

行为，即坦诚审视最近的言行和未来的打算（尽管这种直视可能让人不安）。

这件重要的事情应该何时完成？我认为，傍晚独自回家的路上非常合适。为生计忙碌一天后，人们自然会有所反思。当然，如果你非要在下班的列车上看报纸（其实等晚餐的时候适合读报），而不是完成这件要紧事，我也无话可说，但一天当中起码抽点时间来完成。接下来，我会讲讲晚间生活的安排。

幸福的真相

原来放纵只是逃避，而不是真正的快乐

我喜欢做什么，我想要什么呢？

第 9 节

对艺术的兴趣

"所有艺术我都讨厌!"你说。

亲爱的先生,您越发让人肃然起敬了。

很多人到了晚上，总想着躺平，什么事情也不做。在他们眼里，只有读文学作品才能打发时间，但自己偏偏对文学提不起兴趣。这个观点实则谬之千里。

既不想读书，又想汲取知识，不说不可能，起码效果不如意。但是，如果你想学习打桥牌或制作帆船的高深技巧，你肯定不会因为对文学没有兴趣，就对桥牌或帆船方面的佳作敬而远之。因此，我们必须区分文学和非文学书籍，稍后我会谈及这一点。

对那些从未读过梅瑞狄斯[1]作品的人，还有对斯蒂

1　乔治·梅瑞狄斯（George Meredith，1828 — 1909）：英国维多利亚时代的小说家、诗人。

芬·菲利普斯[1]是否算作真正诗人的讨论毫无兴趣的人，我想说，你们完全有权利这样做。不喜欢文学，既不是犯罪，也不是愚蠢的表现。文学界的名公巨人可能认为，连华兹华斯[2]对丁尼生[3]有何影响之类的事情都搞不清楚的可悲之人，就该立即处死。这不过是一种狂妄罢了。我在想，如果要他们解释柴可夫斯基创作《悲怆交响曲》时受到了哪些启示，他们又该如何应对呢？

文学之外，还有广阔的知识领域，可以极大地启迪人们的心智。刚才提到如今在英国最受欢迎的高雅音乐作品《悲怆交响曲》，我想起来，逍遥音乐节[4]将于8月

---

1 斯蒂芬·菲利普斯（Stephen Phillips，1864 — 1915）：英国诗人、戏剧家。
2 华兹华斯（William Wordsworth，1770 — 1850）：英国浪漫主义诗人、桂冠诗人。
3 阿尔弗雷德·丁尼生（Alfredlord Tennyson，1809 — 1892）：英国维多利亚时代最受欢迎及最具特色的诗人。
4 逍遥音乐节（Promenade Concert）：简称"Proms"，每年7月至9月在英国举行，是世界上最著名的古典音乐节之一，最早可追溯至1895年8月，是一场历史悠久的古典音乐盛宴。观众可以在音乐厅站着欣赏音乐会，可随意走动和散步。

开幕。到了会场，你一边抽着雪茄或香烟（遗憾的是，《罗恩格林》[1]柔美的序曲响起时，你点燃了火柴），一边陶醉在音乐声中。可是你说自己不会弹钢琴，不会拉小提琴，连班卓琴也不会，你对音乐简直一窍不通。

那又何妨？为了让会场座无虚席、人头攒动，乐团指挥只会挑选精彩的曲目，将不入流的音乐拒之门外（跟以前考文特花园[2]的时代可不一样），这件事足以证明你的音乐品位。

因此，即使你不会用钢琴演奏《少女的祈祷》，也丝毫不妨碍你了解管弦乐团的结构，毕竟几个月来，你每个星期有好几个晚上都在聆听乐团演奏。你可能认为，管弦乐团就是五花八门的乐器组合在一起，奏出极其和谐又悦耳的声音。你没有聆听细节，因为你的耳朵没有受过专门训练。

如果让你说出《c小调交响曲》开头主旋律的乐器名

---

1 《罗恩格林》：德国作曲家瓦格纳创作的一部三幕浪漫歌剧。
2 考文特花园（Covent Garden）：即考文特花园皇家歌剧院，是英国首屈一指的歌剧表演场地，也是现存最古老的歌剧院之一。

称，你可能一辈子也答不上来。但你还是很欣赏这首曲子，它能让你一而再地心潮澎湃。兴之所至，你还跟那位漂亮女士谈过这首曲子（你知道我说的是谁）。可是关于这首曲子，除了知道是贝多芬作曲，"旋律动听"之外，你再也说不出别的东西。

但是，如果读过克雷比尔[1]的《音乐欣赏入门》(*How to Listen to Music*，这本书随便哪家书店都能买到，价钱比阿罕布拉剧场的前排票价还低，书中还提供了所有管弦乐器的图片和乐团成员的位置安排)，等你下次去逍遥音乐节，你的兴趣就会出奇地浓厚了。你眼前的乐团不再是一派杂乱纷呈的景象——整个乐团将自成一体，美妙和谐，乐手各司其职，又不可或缺。你能辨别不同乐器发出的声音，领会法国号与英国管之间的巨大差异，也能明白，为什么演奏双簧管的乐手比小提琴手薪水更高，尽管小提琴的难度更大。你将切身感受音乐会的魅力，虽然以前的你，就像婴儿一样盯着明晃晃的物品傻

1　克雷比尔（Krehbiel，1854－1923）：美国音乐学家。

乐，却不知幸福和愉悦是从何而来的。

就这样，你奠定了真正的、系统性的音乐知识基础，接下来便可以专门研究特定的音乐形式（如交响曲），或某位作曲家的作品了。在一年的 48 个星期里，每周用三个晚上，对音乐知识略加了解，加之对节目的研究，随着知识的增长，有选择性地参加一些音乐会，你就能真正掌握一些音乐知识，虽然你还是跟以前一样，甚至不能在钢琴上丁零当啷地敲出《少女的祈祷》。

"但我讨厌音乐！"你说。亲爱的先生，我尊重您的想法。

对音乐知识的学习方法也适用于其他艺术形式。作为系统了解其他艺术知识的入门（仅仅是入门），我可能会推荐罗伯特·威特[1]的《如何欣赏画作》(*How to Look at Pictures*) 或者拉塞尔·斯特吉斯[2]的《建筑鉴赏》(*How to Judge Architecture*)，在伦敦，这类艺术学习资料可谓

---

1 罗伯特·威特（Robert Witt，1872 — 1952）：英国艺术史学家。
2 拉塞尔·斯特吉斯（Russell Sturgis，1836 — 1909）：美国建筑师和艺术评论家。

浩如烟海。

"所有艺术我都讨厌！"你说。亲爱的先生，您越发让人肃然起敬了。

接下来我先分析你的情况，再谈文学。

花时间去做喜欢的事

阅读艺术类书籍 no!

体育锻炼，OK!

第 10 节

生活没有乏味之物

看不到万物演变发展之人,

即便面朝大海,眼前也不过是宏大单调的景象。

艺术很伟大，但它并非最伟大的。人类感知的最伟大之处在于，不断体察事物的因果联系，感受宇宙的不断发展，即万物演变的过程。一个人若能深刻认识到"万事皆有因果"这个伟大真理，他的思想将更开明，心胸也会更宽广。

自己的手表被偷，固然令人懊恼，但转念一想，偷表之人这般行为，肯定受到了遗传和环境的双重影响，这种解释不仅有趣，而且有一定的科学依据。自己又买一块表，虽然谈不上开心，但至少不会到愤恨不平的地步。很多人在生活中遇到意外时，总是深感震撼和痛苦，但只要分析事情的前因后果，就不会陷入这样的痛苦。对这些人而言，人性就像充满可怕风俗的异国他乡，他们自己则是异乡客。不过，随着思想的成熟，他们肯定会为自己的格格不入而羞愧。

对因果关系的探寻,可减轻生活的痛苦,同时让生活变得精彩。看不到万物演变发展之人,即便面朝大海,眼前也不过是宏大单调的景象。这景象,8月里花3先令买张三等车厢的往返票,就能看个够。然而,深刻认识事物发展、连续因果关系的人,能从地质学的角度观察海洋,判断海里的某种物质前天是水汽,昨天在沸腾,到了明天肯定会结冰。

他明白,液体不过是气体变成固体的中间过程,他内心洋溢的是变幻无穷、多姿多彩的人生。不断提升对事物的认知和欣赏能力,能给人带来最为持久的满足感。这也是一切科学的终点。

因果关系无处不在。牧羊人丛林区[1]的房价上涨了,这事真是令人头痛和震惊。但从某种程度上来看,人人

---

[1] 牧羊人丛林区(Shepherd's Bush):位于伦敦西二区,毗邻著名的肯辛顿和诺丁山。

都能化身科学研究者,探寻一番事物的因果关系。就像在里昂餐厅吃午餐的文员,个个都会盘算,正是因为以前这里的地铁票只用 2 便士,才导致牧羊人丛林区的小屋供不应求,而供不应求自然导致房价上涨。

"这个太简单了!"你不屑地说。如果你能认识事物之间的关联,那么整个宇宙的复杂运动就会简单明了。亲爱的先生,也许你碰巧是房地产经纪公司的文员,天性不喜欢艺术,却想追求不朽的灵魂,而且要命的是,你对本职工作提不起兴趣,因为房地产太无聊了。

没有哪件事是无聊的。

在房地产公司的办公室里,你完全可以欣赏生活变幻无穷、多姿多彩的一面。你说,开玩笑吧!且听我讲,牛津街交通拥堵,为了避免拥堵,人们改乘地铁,结果一来二去,导致了牧羊人丛林区的房价上涨。

你说,这算哪门子的多姿多彩?但试想一下,如果你用这种精神,隔天晚上花 1.5 小时研究伦敦的房地产行情,平日里工作起来肯定会饶有兴致,人生肯定也会发生变化吧?

你还能解决更困难的问题。你会根据因果逻辑，告诉我们为什么伦敦笔直的马路居然最长不过一码半（约1.37米），而巴黎笔直的街道最长延绵好几英里。也许你会说，用房地产公司的职员来举例，算不上有力的论据。

好吧，再假设你是银行文员，之前没有读过那本引人入胜的冒险故事集（虽然看着像科普读物），沃尔特·白芝浩[1]的《伦巴第街》[2]，对吧？哦，亲爱的先生，如果你从这本书开始读，坚持隔天晚上读90分钟，你就会发现自己的本职工作多么有趣，而且你对人性也会更加了解。

如果你被"困"在城里，但你偏偏喜欢去郊野远足，观察野生动物，这确实是丰富心灵的爱好。那为何不穿

---

1 沃尔特·白芝浩（Walter Bagehot, 1826 — 1877）：19世纪英国著名的经济学家、政治社会学家和公法学家。
2 《伦巴第街》是金融领域的经典著作，阐述了伦巴第街的由来、英国银行体系、英国财政大臣与货币市场的关系、利率的确定方式等内容，剖析了英国单一准备金制度的优缺点，提出了温和的改良方案等。

上拖鞋，在晚上走出家门，拿上捕蝶网，到离家最近的煤气灯下，观察普通而又稀有的飞蛾在灯下扑扇着翅膀，根据观察得来的知识，建立更复杂的理论，从而对这个领域有更深的了解呢？

想要过上充实的生活，不一定非要热爱艺术和文学才能实现。

日常生活中的点点滴滴，都能满足人们的好奇心。拥有好奇心，就等于拥有生活，而满足好奇心，则等于领悟了生活的真谛。

像你这样既不喜欢艺术，又不喜欢文学的人，我已经奉上了自己的建议。接下来我要谈谈"热爱读书"之人，幸好这样的人很常见。

发现小确幸

生活并不完美,我们总有垂头丧气的时刻

但微小的美好和温暖也能点亮人生

第 11 节

认真阅读

抛开目标本身，想象一下周围的乡野，

也许在不经意间，

你就会发现自己身处某个美丽的山丘小镇。

首先，读小说不算"认真阅读"。因此，那些决心提升自我的人，如果计划每周三次，每次花 90 分钟的时间，认真阅读查尔斯·狄更斯的作品，趁早放弃这个计划。原因不是小说不严肃，毕竟世界上一些最伟大的文学作品就是散文小说，而是因为，粗劣的小说不该读，优秀的小说读起来根本毫不费力。梅瑞狄斯的小说，只有写得糟糕的部分让人读不下去。读一本好小说，就像乘着小舟顺流而下，毫不费力就到了终点。也许你有点喘不上气，但不至于筋疲力尽。优秀的小说往往最容易读。而在思维训练的过程中，压力和困难恰恰是最重要的，这是一种既想完成又想逃避的感觉，读小说可没有这种感觉。试问，有谁在读《安娜·卡列尼娜》时会咬紧牙关呢？因此，小说虽然值得读，但不应该在这 90 分钟读。

读幻想诗比读小说更费力。诗歌很可能是最让人凝神屏气的文学作品，也是最高层次的文学形式。它不仅能给人极大的愉悦，也能传授最深邃的智慧。一言以蔽之，没有什么能与诗歌相提并论。但遗憾的是，很多人不读诗。

我相信，如果让许多优秀的人选择，是读《失乐园》，还是正午时分衣衫褴褛地在特拉法尔加广场跪地乞讨，很多人会选后者，哪怕被众人耻笑也在所不惜。不过我还是奉劝各位朋友，甚至我的敌人，诗歌是阅读的首选。

如果对你来说，诗歌就像"天书"一样难懂，不妨先读黑兹利特[1]有关"诗歌一般特征"的评论文章，其他类似英语文章难出其右。读完之后，你就不会误以为诗歌是中世纪的酷刑，是疯狂的大象，或是走了四十步就会走火伤人的枪支。实际上，要是一个人在读过黑兹利

---

[1] 威廉·黑兹利特（William Hazlitt，1778－1830）：英国作家，以其人文主义散文和文学批评著称。

特的文章后,居然不会急切地盼着在下一餐之前读几首诗,很难想象他的内心世界是什么样的。如果黑兹利特的文章确实对你有所启发,那你可以试着从叙事诗开始读起。

有一本小说,比乔治·艾略特和勃朗特姐妹,甚至简·奥斯汀的作品都好得多。这本小说出自某位女作家之手,你可能没读过。书名是《奥罗拉·利》(*Aurora Leigh*),作者是E.B.勃朗宁[1],全书皆为诗歌形式,里面有许多美妙的诗句。我建议你读这本书,哪怕痛苦万分也要读。读的时候不要想着,这是一本诗集,你只需关注书中情节和社会思想即可。读完后,问问自己,还讨厌诗歌吗。因为我知道不止一人,原本以为自己讨厌诗歌,读完《奥罗拉·利》之后发现原来自己也能读诗。

当然,如果读完黑兹利特的文章,并按照他的建议做了,还是无法打消你对诗歌的厌恶,那么历史或哲学

---

[1] E.B.勃朗宁(Elizabeth Barrett Browning,1806—1861):英国维多利亚时代最受人尊敬的诗人之一,她的作品涉及广泛的议题和思想,对艾米丽·狄金森、艾伦·坡等产生影响。

书应该能让你读进去。读不了诗虽有遗憾，但能读书总比什么都不读要强。《罗马帝国衰亡史》虽然无法与《失乐园》媲美，但也不失为一本引人入胜的著作，而赫伯特·斯宾塞的《第一原理》简直是在嘲笑诗歌的主张，否认诗歌是人类最崇高思想的结晶。我不建议入门者读这些作品，因为脑子里会绷着一根弦。但我认为，一般人经过一年的连续阅读后，完全可以考虑涉猎历史或哲学领域的杰作。杰作的一大优点就在于，它们的思路清晰，文笔流畅。

我在此不推荐任何具体作品，因为我推荐了，也没人会听。不过，我想提出两条重要建议。一是确定自己的阅读方向和范围，给自己设定时间期限，选择某个主题或某位作家。告诉自己："我想了解法国大革命，或铁路的崛起，或约翰·济慈[1]的作品。"在设定的期限内，做好准备，本着少而精的原则去选择。能成为某方面的专

---

[1] 约翰·济慈（John Keats，1795 — 1821）：19世纪初与雪莱和拜伦齐名的英国浪漫主义诗人。

家，是件令人愉悦的事情。

二是要边读边思考。 我认识一些读书狂人，对他们来说，阅读就像切面包和黄油，学不到什么东西。他们读起书来，就像好酒之徒开怀畅饮一样。他们在文学的疆域里驾车飞奔，唯一的目的就是往前开。他们最津津乐道的是炫耀自己一年读了多少本书。

除非至少花 45 分钟，仔细思考读过的内容，这么做甚至有些烧脑（一开始你会觉得非常枯燥），否则这 90 分钟读了就像没读一样。不过，思考也意味着放慢阅读速度。

没关系。

抛开目标本身，想象一下周围的乡野，也许在不经意间，你就会发现自己身处某个美丽的山丘小镇。

阅读是一座随身携带的避难所

沉浸式阅读喜欢的书

在书里起伏,是这世间最宁静的快乐

第 12 节

需要避免的问题

放慢速度,

再慢也无妨,

但尽量保持匀速前进。

关于人们该如何利用时间，过上充实美满的生活（而不是百无聊赖地活着），虽然我担心自己的建议太像说教，太过唐突，但我还是想简单谈谈，真诚希望过好生活的人可能会遇到哪些问题。

第一，成为令人厌恶、鲁莽无礼之人。这种人自命不凡，自以为智慧超群，傻得连散步这样的小事都煞有介事，矫揉造作，浑然不觉这样做毫无幽默感。这种乏味的人要是有所发现，总是会小题大做，若他人不以为然，他就大为不快。人们不知不觉之中，很容易变成这样的人，这是大忌。

因此，如果你准备撸起袖子，好好利用时间做点事情，请记住时间是自己的，不是别人的。在你打算好好利用时间财富之前，地球已经在转动，不管你是否胜任时间的财务大臣一职，地球都会像以往一样转动。只管埋头做事，不要过度张扬。也不要因为看到世人每天故意虚度大把的光阴而痛心不已。最终你会发现，做好分内的事，已经算得上一项伟业。

第二，不要像拉两轮战车的奴隶一样，只懂按部就班地过日子。人做计划，不是为了束缚自由。人可以按计划行事，但不必死守成规，因为日常计划不是宗教。

这个道理不言而喻，但我认识一些人，却被"按部就班"的日子束缚，让亲友痛苦不已。一位备受折磨的妻子抱怨说，"哦，我的天！亚瑟总是8点遛狗，9点差一刻开始阅读。要在规定的时间做计划外的事情，想都别想"云云。无奈的控诉，决然的语调，揭示了这位丈夫始料不及、滑稽可笑又不懂变通的一生。

但从另一方面来看，计划就是计划。若不遵守，计划就成了蹩脚的笑谈。对计划的遵守要恰到好处，不松也不紧。不过，对那些经验不足的人来说，这事说起来容易，做起来难。

还有一个问题是日程过于匆忙，事情总是接踵而至。这样会深陷牢笼，成为生活的奴隶。你8点去遛狗，却一直想着8点45分得开始看书，不能耽误。

即使你偶尔故意不按计划行事，也于事无补。你的罪恶感，不是因为不懂变通，而是因为计划做得太满，毫无放松的余地。唯一的解决方法就是重定计划，减少一些安排。

但知识这东西，越去追求，便越是渴望。有的人喜欢忙个不停，心里才踏实。他们觉得忙得像陀螺一样，总比一整天昏昏欲睡要好。

无论如何，如果计划安排得太满，又不愿意重定计划，不妨在完成一件事情之后，故意放慢节奏，再开始下一件事情。比如，遛完狗、给圣伯纳犬拴好链子之后，花5分钟时间放空自己，再打开书本。换言之，刻意浪费这5分钟，换来片刻喘息的时间。

此外，我必须谈谈最大的问题，前面我也提到，要避免开头不顺。

这一点我必须再三强调。

事情刚起头就失败，会把刚刚觉醒的动力扼杀在萌芽状态，因此建议采取预防措施，避免这种情况的出现。人要有动力，但不要让动力变成压力。第一步可以放慢速度，再慢也无妨，但尽量保持匀速前进。

其次，一旦下决心做某事，不管这件事多么乏味无趣，也要不惜一切代价完成。人要是能完成乏味的工作，信心就会大大增长。

最后，至于如何安排晚间那几个小时，按照自己的品位和习惯来选择即可。

能成为行走的哲学百科全书，固然是件好事，若你偏偏不喜欢哲学，却钟爱市井文化的变迁，那就把哲学放到一边，去研究市井文化吧。

休息是为了更好前行

就算再忙碌,也要抽出空闲放松心情

累的时候给自己放个假

第 2 部分

第 1 节

思维的效率

我重视自己的精神状态,

只是因为它能让我更充分、更强烈地

感受到"活着"这件事。

呼吁

要说广告有何好处（记者绝不可能说广告没有好处），那就是让美国人的体能迅速达到了前所未有的高度，而且是自古代斯巴达以来，世所罕见的高度。到了美国，你随便拿起一份报纸或月刊，都能看到铺天盖地的"体能专家"广告。这些专家保证，他们能让人体所有器官像永不出故障的 60 马力汽车一样精准运作。前几天我读了一本书，正是其中某位专家所写，说的是每天花 15 分钟做点锻炼，就能让身体达到绝佳的状态。这类广告越来越多，规模也越来越大，商家肯定为此砸了不少钱，他们的业务量肯定也会大大增长。由此推断，肯定很多人都在担心自己的体能不佳，想要加以改善。

哪怕谦逊如英国人，也有同样的担忧，而且这种担忧与日俱增。当然，人们不是白担忧，因为他们身上的肌肉也在长。某天早上，要是你突然走进一个英国人的卧室，你肯定会发现，这人要么仰面躺在地板上，要么倒立着，要么手里挥动着棍棒之类的，想把身体练得更强壮。其实，我自己也曾"尝试了一番"：每天刮完胡子，我便躺在地板上，娇嫩的皮肤与地毯之间只隔着一件薄得不能再薄的衣服，接着我会照着一张大图表（据说这是公认的体能锻炼权威指南图），把上面的15个动作全都扭一遍。三周以后，我的脖子就练得像拳击手一样壮，衣领都扣不上了，袜子商肯定也从我这里赚了不少钱。我得出结论，我这身板绝对练得差不多了。

说来奇怪，我从没想过每天刮完胡子后花15分钟来提升脑力。虽然人体复杂，常常不是这个地方出毛病，就是那个地方出毛病，但幸运的是，人们通过锻炼可以改善健康。人的头脑更复杂，运作起来也会出毛病，但也许正因为如此，"锻炼"的效果会更明显。一般人要是看到健身模特在广告中秀出的壮硕有力的胳膊，再看看自己的胳膊，心里大概都会嘀咕"我就不信了"，接着就会开始锻炼，这样假以时日，到了下午茶时间，隔着礼服隐隐约约露出来的肌肉线条，保准能让在场的女士刮目相看。但我们往往没想过，大脑也有肌肉，还有许多器官，这些看不见但至关重要的大脑器官远远没有达到绝佳状态：有的萎缩了，有的营养不良，还有的扭曲变形等。假如一个久坐不动的人，复活节出去散了好一会儿步，结果到了晚上，累得几乎吃不下东西。等一觉醒来，这人意识到，由于缺乏锻炼，自己的身体状态非常糟糕，倍感震惊的他决心采取补救措施：要么步行去上班，要么打高尔夫球，要么剃须后做一番运动。但是，如果一个人坐着看了很久的报纸、杂志和小说，打算让思绪放松放松，去攀登科学、哲学或艺术的岩石，情况又会怎样？他会攀上一整天，晚上累得看不了报纸吗？不会。十有八九，他攀了15分钟就会累得气喘吁吁，而且他根本不打算坚持，而是立即停止这种攀登。他会发自内心地说，自己的脑力不在状态，需要采取一些措施来锻炼吗？不会。他百分之百会平静地接受现状，既不会感到羞耻，也不会感到强烈的遗憾。这样打比方，我的意思表达清楚了吗？

我之所以说这人不会感到强烈的遗憾，是因为当人们意识到自己脑力状态不佳，而且这个问题不用费太多工夫便能解决，肯定会产生一种淡淡的遗憾。它会像蒸气一样，从有教养的人群中散发出来，随处可见，尤其是对那些人生已行到半路之人来说，更是常见。他们知道，这世间的知识浩瀚如海，但他们永远不会掌握其中哪怕一星半点。星光灿烂的夜晚，他们从干净整洁的家中外出散步，依稀感到天空的奇妙。但是，一个微小的声音对他们说道，虽然他们在报纸上读到昂星团有五万颗星星，但他们根本不知道这个星团在天空哪个位置。他们也想掌握星云理论，毕竟这可是最震撼人心的一种理论！岁月流逝，每天有 24 小时，一般工作只占六七个小时，人们只需要一次冲动、一点努力、一套方法，就能逐渐治愈思维的懒散，将大脑的肌肉"调理"得更灵活，更好地掌握眼前的知识，体验世界的丰富多彩！但人们的遗憾总是不够深刻，所以只会放任现状，听之任之。这种状态，就好像人们永远沿着摆满美味佳肴的无尽餐桌前行，却无法伸手抓取。我这样形容，是否夸大其词？大多数人的意识深处，难道从没有过这样一种悲哀，感觉自己的思维就像广告中描述的肝脏一样——运行不畅，而这种运行不畅，根本不能用能力不足、时间不够、机会太少或者方法不当来做借口？

为什么没有哪位脑力专家站出来，告诉我们，怎样让大脑发挥全部才能呢？我所说的专家，不是指江湖郎中那一类。那些铺天盖地投放广告的体能专家并非江湖郎中，因为其中一些人确实取得了肉眼可见的效果。我想说的是，既然人们能为身体设计锻炼方案，那人的思维应该也有一套相应的锻炼方案。这样一来，人们就能在闲暇时间利用大脑这台生锈的机器实现一些人生抱负。人们渴望完善自己，用丰富的知识和优雅的品位来充实自己的一生。谁不愿意从事一些严肃的研究，以免临终时被人指指点点，说这人一辈子碌碌无为？阻碍人们踏出这一步的，不是缺乏欲望，而是缺乏意志力——不是开始做某事的意志，而是坚持下去的意志。其次是由于疏忽大意，导致精神器官状态不佳、"浮肿"和"萎靡不振"。因此，大脑思维的治疗需要分为两个部分，一是培养意志力，二是让精神器官恢复状态，这两部分必须同时进行。

我相信，无数读者都会认同这些观点，而且尝试这样的疗法，并取得相应的成果。

读者来信表明，我并没有夸大其词。这个国家里，许多善于反思的人都清楚地意识到，自己的思维状态不佳，并且强烈渴望有所改观。这种愿望比我想象的要强烈，但似乎没有多大效果。"让人们在闲暇时间利用大脑这台生锈的机器，实现一些人生抱负"——这种理想的治疗方法显然还没有人设计出来。世间还没有出现像桑多[1]这样的"现代思维健美之父"，另外，指望我个人能像桑多一样训练人的思维，实在有点不切实际！

我对这些来信非常感兴趣，其中一些人对问题的陈述令人钦佩，而且写得最好的信件基本上都来自女性读

---

1 欧根·桑多（Eugen Sandow）:19世纪末20世纪初著名的健美运动员，被称为"现代健美之父"。

者，这点也许不足为奇，因为在追求理想方面，女性通常比男性更具有抒情色彩，当然天才除外。不过，我收到的最热情洋溢的一封信来自一位男士，他认为我们应该通过催眠来锻炼思维。这位催眠师提议设立"实用的心理学机构，培养合适的人才，制定针对儿童甚至成人的潜意识心理机制"。他还说："无论是研究像蜘蛛网一样无关紧要事物的学者，还是自以为心理学权威的医生，抑或是厚颜无耻地在音乐厅舞台上对着梦游者炫技的'教授'，都忽视了最能促进心智发展的因素。"不知道这位先生是否含沙射影，把我也包括在内。在我看来，他信中的内容简直不知所云，但我可以向他保证，他的观点是错的。另一位来信者的评论则有趣多了，这人完全鄙视"思维锻炼"之言，而且把有的年轻人比作"去掉了鱼子的廉价烟熏鲱鱼"。他还说自己"根本不用为心智问题发愁"，因为几年来，他每天都要在 3.5 小时内卸下 10 吨煤。这个观点十分有趣，也很有建设性，但有点离题了。

一位笔名叫"埃斯佩-兰斯"的女士表达了自己的

乐观态度。她的来信写得有理有据，并指出了有关思维锻炼的一个问题。她说："在我看来，大脑效率低下的主要原因是缺乏专注力，也许女性尤其如此，起码我自身就是这种情况。专注力是一种天赋，在一定程度上，它能人为培养，但大多数都是天生的……我们很多人都处于浑浑噩噩的状态，大脑只派上了一半的用场。"我完全同意她的观点，无法集中注意力是思维机器失灵的主要症状之一。埃斯佩－兰斯提出的治疗方法相当激进。她说："也许算术是治疗思维惰性的最佳方法之一，因为其他事情都不需要如此专注。"算术或许有效，但并不实用，因为没有人，或者几乎没有人会用算术来锻炼思维。我无法想象，有哪个人晚上会花上几个小时的空闲时间，怀抱着提升品位和心智的真诚愿望，且在意志力不足的情况下，刻意坐下来，用算术锻炼自己的思维。正如易卜生的木偶所说："人们才不会这样做。"为什么不呢？答案很简单：他们就是不愿意，因为人的天性如此。埃斯佩－兰斯"学习诗歌"的建议还说得过去。

当然，我收到的最佳来信来自 H.D. 小姐。她说：

"我小时候就有这样的想法,不能'一辈子活得浑浑噩噩'。回想起来,它一直激励我去做一些事情,就像那些有所成就的人一样,比如画家、作家、桥梁专家或者从事特殊工种的人。我一直认为,超越平凡是一件值得追求的事情。"我必须插一句,这样的说法有点笼统。事实上,她将许多高尚而正当的抱负统统扫进了"不值得一提"的垃圾堆中。我想,写信的这位女士可能需要修改一下自己的措辞。她还说:"如果哪一天我没有认真阅读,哪怕只读只言片语也好,或者没有写一些东西……或者因为太过悲伤或无精打采,没有留心太阳、花草、大海或水面上月光的绚丽色彩,我就会觉得这一天白费了。所以我认为,激励自己每天做一些超出平常的事情,来提升自己的心智,可以作为思维锻炼的第一步。"这几句话说得很精彩,也很有道理。此外,"有一天,当思维习惯成为生活的一部分,我们就会为了工作而重视自己的精神状态",这个观点我持保留态度。就我个人而言,我从来没有为了工作本身而重视工作,也永远不会这样做。我重视自己的精神状态,只是因为它能让我更充分、

更强烈地感受到"活着"这件事。

H.D. 小姐建议的方法很笼统。针对缺乏意志力的问题，她说："第一步是认识到自己的弱点；下一步是对自己的缺陷感到羞愧。"我严重怀疑，这些步骤的实际操作性有多少。以下这句话也没什么用："我建议阅读、观察、写作，运用每一种感觉和每一种能力，这样我们最终就能了解生命的神圣性。"实际上，这样做等于回避问题。如果人们仅仅怀抱着这样的希望，就能做到定期认真阅读、观察、写作，运用每一种感觉和能力，这世间也就不会有那么多人思维状态不佳了。接下来，我将根据自己痛苦而荒谬的经历提供一点建议。

治疗的方法

"一旦决心做某事,面对困难也能成。"

在众多来信当中,有一位读者引用了马修·阿诺德的这一句诗,鼓励人们通过系统性的方法来锻炼思维。阿诺德的诗作美丽而鼓舞人心,但我非常担心其诗句与人们的经验背道而驰。我常发现,下定决心去做的事情,面对困难时往往难以完成。不,绝对完成不了!下决心很容易,因为只要一时冲动或瞬间的领悟。然而,要日复一日,年复一年地实现目标,真的很困难,我相信每一位读者都会同意这个观点。然而,人们是如此擅长避重就轻,以至于很多来信的人都完全不顾这个悲伤的事实,只顾着问:"我要下什么样的决心?快告诉我。"有些人似乎认为,只要有了记忆和思维训练的方法,就等于解决了问题。但实际上,这些方法本身有没有问题都值得怀疑，总之我个人见到的说法不一。即使这些方法很完美，也无法指望上一个记忆培训班，就让心智实现质的飞跃。最好的方法其实在于人的决心，真正重要的不是这种方法或那种方法，而是人的意志力。只有认真考虑和了解一个人的条件——其性格局限性、不利影响的程度以及过去的经验教训，才能真正实现良好的精神状态。

让我举一个普通的例子。假如你到了而立之年，平日里生活舒适，心里有一些烦恼，肩上有一些责任，有时也会做一些繁重工作，但没有到累死累活的地步！大脑的效率问题让你有些困扰，甚至让你感到触动，因为你的良心告诉你，自己的思维好像不够活跃，知识也不够丰富。你突然从花园的椅子上跳起来，对自己说，你要用上自己的脑子，做点什么事情。别急！先坐回椅子上，握着手里的网球拍再想一会儿。你知道，自己以前也有过这种"灵光一现"的时候。30岁之前，你肯定下过决心去实现崇高的目标，但失败了。这一次，你要采取什么措施，避免历史重演呢？照道理，你的意志力没比以前强多少。过去的你，默默地接受了失败，没有什么比失败更打击一个人的决心。你以为伤口已经愈合，但到关键时刻，它可能会再次裂开，血流不止。你采取了哪些预防措施？你认真考虑了吗？没有，完全没有。

我不认识你，但我了解你这种情况，因为我自己也有类似的经历。你过去之所以失败，可能是以下原因导致的。第一，你一开始包揽了太多，计划太过宏伟。在这个人人健身的时代，如果你不是体能专家，简直都不好意思，所以你永远不会在没有准备的情况下尝试跨栏，或去健身房挥一个小时的哑铃。思维的锻炼也是同理。这一次，请不要制订复杂的计划，或者说，干脆不要制订任何计划，只需选择一项简单得不能再简单的任务开始。例如，你可以告诉自己："从今天起的一个月内，我要读两遍赫伯特·斯宾塞的《教育》小书，这本书是6便士买来的，我要在封底内侧用铅笔记下我感兴趣的内容。"你说，这有什么难的，这事简直是小菜一碟云云。行，那放手去做吧。做完之后，你会有一种满足感，因为你下定决心做某事，并且做到了。你的意志力会变得更加坚定，你会有一种自豪感，你甚至有理由给自己制订一个为期三个月的简单计划，而且你将通过这件事学到一些制订计划的基本原则。最重要的是，你可以避免失败带来的打击。

第二，朋友们嘲讽的微笑可能会瓦解你的意志力。谁要是想"改过自新"，都会面对这种愚蠢的嘲笑。醉汉可能不羞于喝醉了，却羞于告诉朋友，自己签下了戒酒承诺书。说来奇怪，但事实就是如此！我们必须考虑人性。当然，对少数意志坚定的人来说，这种微笑只会让他们的决心更坚定。但对大多数人来说，朋友的这种态度是有害的。因此，不要把旗帜钉在桅杆上，招摇过市。尽可能低调行事，什么也别说。当你做得有点样子了，你可以摇旗呐喊，然后你会发现，那种可怜的、可悲的、讽刺的、高高在上的微笑会消失得无影无踪。

第三，可能你的一天没有安排妥当。尽管你一直是个懒人，浪费了大把光阴，但你每天在 24 小时内还是做了一些事情。上班时，你稀里糊涂地以为，每天有 26 个小时。你必须舍弃一些原本重要的事情，从繁忙的日程表里腾出一些时间，为新目标做好准备。减少睡眠，或从日常活动的空隙中强行"挤出"学习时间，不会有任何帮助。你需要拿出决心，大胆行动。如果你希望每天花半个小时来阅读或思考，那就安排一个小时。对初学者而言，留出余地是明智之举。你问我该从何处着手？我想说，你大可以在健身这件事上少花一些时间。我最近在伦敦郊区度过了一个周末，人们对各种体育锻炼的广泛关注令我震惊，到处都能看到有人在练肌肉！"枯萎的思想啊，你真是可怜！"我想，"板球、足球、划船、高尔夫和网球都有自己的'季节'，你却没有！"不过，这些都是泛泛而谈，接下来我将详细讨论。

大脑的体操

我前面讨论了人们应该以何种心态开始认真提升脑力,也讨论了失败的原因。接下来,我将谈谈所谓的"大脑体操",这种练习大致可以比作学习乐器所必需的技巧练习。

奇怪的是,学习乐器的人练习手指和手腕,根本不会有任何忸怩作态,但试图提升脑力的人在进行思维锻炼的时候,基本上都会产生这样的羞耻,这正是提升心智的一大障碍。如果你告诉一个人,他应该去参加记忆培训班,他会支支吾吾地说,记忆力又不能当饭吃,简而言之,他不会去。我承认,一方面是因为他懒,但更多的是因为忸怩作态(难道不是这样吗?),他甚至会犹豫,背诵有什么用。事实上,很少有比背诵伟大的诗歌或散文更好的脑力练习了。每周背诵二十行,坚持六个月。这可是"治愈"大脑虚弱症的良方！作为一种锻炼，背诵的主要优点（但并非唯一优点）在于，它能迫使大脑集中注意力，而自我提升最重要的前提就是随心所欲地专注于某件事情的能力。还有一个很好的锻炼方法，即随便阅读书中某页内容，然后立即用自己的话或作者的话写下自己对这页内容的全部记忆。每天只需一刻钟！无须再多！这个法子就像魔术一样奏效。

这让我想到了写作。我是一名职业作家，但我认为，自己对写作练习没有任何偏爱。事实上，我每天早上都对自己说，要是世界上有一种我讨厌的练习，那就是写作练习。但我必须强调，在我看来，写作练习是努力提高大脑效率不可或缺的一部分。我不在乎你写什么，只要你能写出句子，写得连贯。非专业写作有40种方法，每一种都很好。你可以像亚瑟·克里斯托弗·本森[1]先生说的那样，写一本"完整的日记"。不过，这一招的效果

---

1 亚瑟·克里斯托弗·本森（Arthur Christopher Benson, 1862－1925）：英国著名的诗人、作家，剑桥大学莫德林学院第28届院长。

很差。因为除了像本森先生这样经验丰富的人之外，一般人写日记很少动脑子。而且人们写日记的时候容易夸大自我，要是日记本随手放在什么地方，其内容还容易引起纷争，搞不好哪天就会成为呈堂证供。日志可能要好一些。不要让我定义日记和日志之间的区别，我不会去做这个区别，也做不了这个区别，因为这种区别在于人们的本能感觉。日记记录的是自己，还有自己的所作所为；日志的范围则更广，记录的是人们观察到的任何有趣的事情。日记记录的是，一个人晚餐吃了龙虾蛋黄酱，第二天早上醒来头痛，这人还信誓旦旦地说，肯定是精神紧张的缘故。日志记录的是，一同进餐的女士有一双棕色的眼睛，问完问题之后，会把头往后仰，还有这位女士讲述的、她丈夫在科罗拉多州的奇怪冒险经历等。日记的内容全部是关于：

我，我，我，我，我自己

（此处引用的是玛丽·贝克·G. 艾迪[1]超验诗歌中的一行）。日志记录的则是人生的广阔景观。日志可以记录特殊事例，也可以记录一般事例。我认识一个人，他把自己遇到的所有迷信案例都写进了日志里，一开始，他根本没有意识到自己正在创建一份十分有趣且具有科学价值的文献；但事实就是如此。如果不写日记或日志，也可以写论文（前提是有这个勇气）。人们还可以在读过的书中做笔记，也可以将自己感兴趣的段落编纂成选集。对不喜欢高尔夫和桥牌的人来说，换言之，对一个有思想的人来说，编纂选集可能是最令人愉悦的爱好之一；对那些怀疑自己难以始终保持高效学习状态，希望慢慢锻炼脑力的人，我极力推荐这个方法。无论如何，写作以及写作行为，对几乎任何计划都至关重要，当然，肯定会有好心的读者指出来，有的事情显然不需要依赖写作。

---

[1] 玛丽·贝克·G. 艾迪（Mary Baker G. Eddy, 1821 — 1910）：美国著名宗教领袖及作家，基督教科学会创办人，被誉为19世纪美国最杰出的女性之一。

写作之后是思考（二者的顺序可能有点奇怪，但我坚持这样认为）。我最好引用一封精彩的来信，写信人自称"牛津讲师"。黑体部分（最后那几个字除外）是我加的，不是他说的。他说："我认为，除非一个人能完全控制自己的大脑——抑制其过于强大的接受能力，抑制其随波逐流的倾向，并抑制其受情绪风暴影响的倾向，否则他将无法完成十分之一的工作，哪怕这些工作几乎不费吹灰之力。此外，要是撇开工作不谈，他就无法进入自我的国度，未来发展的无限可能性也无从谈起。通过不断的冥想练习，人可以提升自己的心智——每天只花10分钟，但要绝对有规律地集中注意力，尽量思考一些境界崇高之事。他会发现，失败乃常有之事，必须漠然处之，并坚定不移地走下去。如果他哪怕能坚持几个星期**不中断**，也将收获良好的效果。"我完全同意这位仁兄的观点，也感谢他能够清楚地阐述这个问题。但我认为，对初学者来说，他口中的这种冥想太过"高级"。等初学者取得一点进展，对自己的意志力有了一定的信心，并掌握了清晰表达自己的思想、再将其写下来的技能之后，再尝试"牛津讲师"的建议可能更合适。顺便说一句，他强烈推荐安妮·贝赞特[1]的书——《思想的力量：控制与培养》(*Thought Power: Its Control and Culture*)。他说，这本书通过科学的方式清晰地讲述了这个问题，并提供了实用的思维训练方法。我赞同这句话的后半部分。

关于激发思维，摆脱懒惰，使其完全服从灵魂的渴望，这些或多或少都属于技术性问题，我的长篇大论就到此结束。许多来信者问我，能不能为他们总结一套阅读课程。换言之，他们要我详细阐述他们灵魂的渴望。然而，我的主题并非自我发展，而是将大脑效率的提升作为自我发展的手段。当然，只有在实际的自我发展过程中，人们才能提升大脑效率，但我关心的不是走哪条路，而是这条路怎么走。你说我光顾着探讨最好的走路方式，却只字不提到底要走去哪里。正是如此，一个人不能告诉另一个人该去哪里。

～～～～～～～～～～

1　安妮·贝赞特（Annie Besant, 1847－1933）：出生于英国，是19世纪著名的社会改革家及精神领袖、神智学者、思想家与教育家。

如果一个人自己都不能确定目标，那他或许只能蜷缩着死去，因为外人帮不了他。我只想说，整个宇宙都是开放的，人们可以尽情审视。

很多人以为，自我发展与文学沾边。他们将更高层次的生活等同于对夏洛特·勃朗特生平或莎士比亚剧集顺序的深入了解，但其实更高层次的生活完全可以与蝴蝶、葬礼习俗、县界、街道名称、苔藓、星星或蛞蝓有关。人们需要选择自己感兴趣的内容。许多思维缜密且高效的人无论如何也读不懂莎士比亚的作品，如果你问他们《威尔德菲尔庄园的房客》（*The Tenant of Wildfell Hall*）[1]的作者是谁，他们要么回答说没听过，要么自豪地回答说艾米莉·勃朗特。对任何主题的准确了解，加之有意培养，获得对该主题与其他主题相互关系的深刻理解，即意味着巨大的自我发展，我想我就点到为止吧。

---

1 《威尔德菲尔庄园的房客》是勃朗特三姐妹当中的安妮·勃朗特的经典代表作。

人生是旷野啊

很多时候，我都不知道该如何选择生活方向

其实，整个宇宙都是开放的，人们可以尽情审视

第 2 节

告别过去

过去通常是快乐的敌人,

而快乐是一种难得的造诣。

一个漆黑的早晨,人们醒来之后突然意识到——至少对一些保留了幻想和纯真的人来说,生活还是有一些值得高兴的事情,有值得感到快乐和充满活力的理由。原来这一天是元旦,人们总是会下一些决心,准备付诸实践!当然,一提到新年决心,我们都会不以为意,淡淡一笑。很多人假装新年是孩童的玩具,早就不再把它当作"改过自新"的良机。可是,这些人简直是自欺欺人,他们是如此可悲,如此懦弱,如此害怕表现得天真幼稚,所以我个人绝不会被这种微笑和伪装迷惑。嘲笑新年决心的人,就像那些说夜里不看床底下的女人一样;他们没有说实话,要是他们撒谎的瞬间,脑袋变得透明,我们就会看到他们脑子里的决心就像特拉法加广场上的灯一样明亮。我相信,99%的人在新年第一天都会感受到决心带来的愉悦和活力，而且 99% 的人都会觉得自己品德高尚，但他们忘了，重要的不是下定决心，而是坚决执行，才能证明自己的品德。

　　此时此刻，如果你的决心依然强烈，我想强调一则显而易见却常被忽视的真理：人不可能一边前进，一边原地踏步。正如道德家经常谴责人们醉心于未来一样，我想批评的是活在过去的人。我周围的人常常用一根牢固的绳索把自己拴在山脚一根不动的柱子上，再费力往上爬。要说有什么决心胜过其他，那就是与过去决裂的决心。如果生活不能不断地否定过去，那么生活将一无是处。这则信条看似冷酷无情，但要知道，常识往往都是冷酷无情的。在具有常识的普通人群当中（哦，这样的人是多么稀有且优秀！），常常能发现一种令人惊讶的特质，这是一种既冷酷又柔和的特质。你没发现吗？过去是无法驾驭的，我们对过去无能为力。过分沉湎于过去，就像过分关注坟墓一样，是一种野蛮的标志。此外，过去通常是快乐的敌人，而快乐是一种难得的造诣。

就我个人而言，我甚至可以对悲伤表现出敌意，对悔恨的敌意就更深了——这两种心态都源自过去，而非当下。悔恨不同于忏悔，我目前还没有发现它有什么用处。一个人做过的事，已经做过了，到此为止。一位伟大的主教曾经说过一番令人难以忘怀的话："事已至此，木已成舟，为何还要试图欺骗自己。"认为对邪恶的悔恨是一种有用且值得称赞的行为？最好还是忘掉它。事实上，人们常常"沉溺于"悔恨之中；这是一种略带恶毒的精神享受。当然，悲伤与悔恨不同，必须小心对待。但是，当我看到一个男人或一个女人为失去心爱的人而悲痛一生，而全世界都在默许这种行为时，我确实不怎么赞同。在我看来，这个男人或女人并非在尊重，而是在亵渎对逝者的记忆；这样做会对社会和个人造成伤害，谈不上任何世俗或精神层面的好处。悲伤属于过去，它是对现在的玷污；悲伤是一种放纵，需要更多的克制。人的心胸是如此宽广，不应让单纯的回忆霸占它的每个角落。

但是，悔恨和悲痛的情况相对较少。更常见的是，我们许多人的生活都沉湎于过去。我想讨论的并非人们的核心理念，因为这些理念不容易改变，也就不容易造成麻烦；我想说的是次要但重要的原则。我们不去做某事，是因为我们从来没有做过——好像这就是理由！或者，我们一直都在做某事，所以必须继续做下去——好像这就是逻辑！那些激进的自由派身上，便有这种非理性的保守主义倾向，而且会体现在微不足道的事情上。有这样一个男人，他的妻子不喜欢他的帽子样式（当然我不会把戴帽子这件重要的事情称为琐事！）。这个男人辩解道："亲爱的，我一直戴这种帽子，它可能不适合我，但我绝不能改变它。"然后，这位妻子带着丈夫坐公共汽车去了一家帽子店，给他买了另一顶帽子，戴在他头上，把那顶旧帽子送给了店员，然后带着他走出了商店。"瞧！"她说，"有什么不可能的。"这是打个比方，相信你一定懂我的意思。

我们下决心的时候，最需要的是想象力，即用全新的眼光来审视我们的生活的能力。假如你生来成熟且经验丰富，而昨天是你生命的第一天，今天的你会把昨天当作一个实验,你会质疑昨天发生的每一个片段,并很可能会用推翻昨天的方式来安排明天,而且这种推翻的态度是有益的。你肯定不会说:"我昨天做过这样的事,所以我今天必须做下去。"过去永远只是一个实验。如果能真正认识到这一点,我们的新年决心将更有价值,更彻底。我隐约感觉,对大多数人来说,最有用的决心是打破一半以上的誓言。"不要让誓言束缚了自己的多变……请谨记这个重要的道理。"(这是约翰逊[1]的智慧之言,但我重点突出了某些内容。)

---

[1] 塞缪尔·约翰逊(Samuel Johnson,1709 — 1784):英国作家、文学评论家和诗人。

凡是过往，皆为序章

被过去的牢笼锁住，就无法拥抱明天

每个人都应该有翻篇的能力

第 3 节

活在当下

当下的生活就是真正的生活——

20 年后的生活，

谁知道会变成什么样子。

前几天,一位著名的英国小说家问我,我打心眼里觉得她有多大了。"好吧,"我心想,"既然她问了,那我就告诉她吧,我会像她的小说一样忠实于现实。"于是我大胆回答:"38岁。"我觉得,哪怕自己答错了,也错得"真实",不过我心里有些发抖。她得意地笑了,回答说:"我43岁。"要是她没有继续说"现在轮到你告诉我,你多大了",这次对话其实挺愉快的。女人就是这样!她们认为男人没有矜持,没有漂亮的虚荣心。但她们错了!当然,我不能甘拜下风。我不得不报上自己的年龄,为她的好奇心献上一份祭品,但其实我有点犹豫。后来,年龄这件事一直伴随着我,让我担心,让我烦恼。我比以往任何时候都更清楚,年龄对我的影响。如今的我,爬楼梯更吃力了,穿衣服更缓慢了,这些我不能视而不见。曾几何时，我在街上遇到的大多数人看起来都比我老得多。现在不一样了。变化来得悄无声息。比我年轻的一代人正抽着雪茄，坠入爱河。实在令人震惊！我曾经可以踢1.5小时的左前锋而不倒下，我曾经可以在游泳池底部潜游150英尺。难以置信！简直难以置信！……难道我已经过了那个年纪了吗？

啊！马上就要到不惑之年的我，正在思忖生命内在价值的古老问题，这些问题也涉及人生之根本：我从生命中得到了什么？我能得到什么？简言之，生命的价值何在？要是有人能提出更重要、更根本、更关键的问题，我倒想知道那是什么。无数哲学家曾试图提供放之四海而皆准的答案，而且他们确实做得不错。也许我可以从他们的答案中获益，但你觉得我会去读吗？我不会！你觉得我能记起自己碰巧读过的智慧之言吗？我不能！他人关于这个基本问题的智慧之言，我一无所知。真奇怪，对吧？但我相信，人人都有这样的经历。此外，我其实一点也不在乎其他哲学家对这个问题的回答。关于这些问题，每个人都必须成为自己的哲学家。人性深处的利己主义有一种本能，阻止我们接受现成的答案。柏拉图的思想对我们有什么意义？什么也没有。因此，这个问题始终是新的、未解答的，永远充满了戏剧性。奇怪的是——这就是我的论点——很少有人及时向自己提出这个问题，很多人垂垂老矣才意识到这一点，有的甚至辞别人世前都没想过这个问题。

我坚信，很多受过教育的人不仅没有编制生活的资产负债表，甚至连最初的存货盘点都忘了。他们不断买进卖出，却不知道自己究竟在以什么价格买卖些什么东西，他们只是把钱塞进收银机，又取出来。他们不知道店里有什么商品，也不知道收银机里有多少钱，但他们清楚地感觉到，商店后面的起居室并不像他们希望的那样豪华和通风良好。岁月流逝，豪华的家具，良好的通风系统，统统都没有实现。然后有一天，他们去世了，朋友们来参加葬礼，说道："天哪！这房间太闷了，店里几乎堆满了垃圾！"或者，在他们去世前不久的一个晚上，他们在店里待得比平时晚，下定决心盘点库存，清点收银机里的钱，但幻灭感让他们沮丧不已，他们挣扎着走进客厅,喃喃自语道:"我永远也不会拥有豪华家具,也永远不会拥有良好的通风系统。早知道,我至少会买几个便宜坐垫,用拳头把玻璃砸个洞。现在一切都太晚了,我已经习惯了温莎椅,也习惯了没有风吹进来的日子。"

如果我是传教士,如果我没有太多事情要忙,如果我可以直面任何人,并否认我也曾追随了英国近 40 年来的伟大政策——稀里糊涂却盼着好事发生。简而言之,如果事情不像现在这样,我会在星期天晚上包下阿罕布拉剧院[1]或埃克塞特大厅[2]——最好是阿罕布拉剧院,因为会有更多人来参加我的活动,并邀请所有 26 岁以上的男女出席。我会为激动的人群提供他们想要的食物和饮料(烈酒除外——我要跟有毒之物划清界限),等人们和我

1　阿罕布拉剧院建于 1913 年,是一座拥有 1456 个座位的大型剧院,也是英国二级保护建筑。
2　埃克塞特大厅是伦敦市中心斯特兰德街的一座历史建筑,建于 1831 年。该大厅曾是重要的公共会议和演讲场所,特别是用于宗教、社会改革和慈善活动。

一样,进入美好、和蔼、开朗的状态之后,我会对他们发表演讲——当然,我会用上连约翰·布莱特[1]可能都会羡慕的雄辩口才:

男男女女们(我会这样称呼在场的人),你们都喜欢把头埋在沙子里,但今天,我要向你们传授人类智慧的精髓。这种智慧并不抽象,而是每天都能派上用场的原则,它影响着生活的方方面面,就像日复一日,你们在早班列车上拉着吊环一样。你们要当心希望,提防雄心!两者虽然都是极好的补品,但就像德国的比赛一样,适度即可。但你们所有人都沉迷于希望,同时许多人正在用雄心毁掉自己的身体。各位,你们需要正确地理解和对待生存,将之视为两种本能之间的妥协,即希望未来过得美满的本能和享受当下的本能。对大多数人来说,前者往往扼杀了后者。我们当然应该为了未来的生活做

---

[1] 约翰·布莱特(John Bright, 1811 — 1889):英国激进派和自由主义政治家,也是他那一代最伟大的演讲家之一,同时也是自由贸易政策的倡导者。

好准备，但看在上帝的分上，不要忘记活在当下。此时此刻，就是最好的机会。你们可能认为以后的机会更好，但你们错了。请原谅我的直言不讳。你们该不会天真地以为，山那边的路比你现在走过的路更美丽！希望永远不会变成现实，因为在追求的过程中，它们会变成别的东西。雄心可以实现，但实现了的雄心就像烧焦的煤，90%的热量都从烟囱里飘走了，而不是进入房间。尽管如此，人还是要有希望和雄心，它们虽然有欺骗性，但能带来愉悦；你可以沉溺于这种愉悦，但不要到夸张离谱的程度。当下的生活就是真正的生活——20年后的生活，谁知道会变成什么样子。请你们把握这个真理，认真思考，加以理解。用这个真理来审视自己的行为，既不忽略当下，也不放弃未来。你们是不是都在寻找幸福？然而人们不太可能通过奋斗来获得更多的幸福，因为幸福主要取决于个人的性情。总之，享受眼前的生活吧！（热烈的掌声响起）

人们鼓掌当然是为了会场上的茶点。

毫无疑问，大多数听众会认为我选错了职业，我应该去做宴会承办人，而不是传教士。但是，一旦下定决心，我就不会气馁。我会坚持下去，每个星期天晚上都举办一场这样的演讲。那些广告商已经充分证明，只要反复向公众宣教，他们就会相信任何事情。我会反复强调，而且每次都会为公众提供茶点。最后，大家肯定会发现，我讲的内容还是有道理的。人们最终会意识到，抛开当下的生活是多么愚蠢，以为未来与当下有本质上的不同是多么愚蠢，在真正开始生活前就死去是多么愚蠢。

享受当下

不要为尚未发生的事焦虑

当下即是真正的生活

第 **4** 节

买书的哲学

除了少数毕生致力于阅读的人之外,
所有对书籍充满热情的人,他们的书架上都摆满了
一排排他们从未读过,也永远不会读的书。

很长一段时间，我拥有的书一直不多。事实上，我完全靠一些"必需品"过日子——各种词典、鲍斯韦尔[1]、一本地图集、华兹华斯、一本百科全书、莎士比亚、惠特克[2]、莫泊桑的一些作品、一本诗集、魏尔伦[3]、波德莱尔[4]、一本介绍我家乡自然史的书籍、一本我家乡的旧名

---

1 詹姆斯·鲍斯韦尔（James Boswell，1740－1795）：苏格兰律师、传记作家，最著名的作品是英国文学巨匠塞缪尔·约翰逊的传记《约翰逊传》（*The Life of Samuel Johnson*），这部传记被认为是英国文学史上最伟大的传记之一。

2 约瑟夫·惠特克（Joseph Whitaker，1820－1895）：英国19世纪著名的出版商，于1868年创办《惠特克年鉴》并出任主编。

3 保罗·魏尔伦（Paul Verlaine，1844－1896）：法国著名的诗人，其诗歌以音乐性、感伤情调和象征主义特征而著称。

4 查尔斯·波德莱尔（Charles Baudelaire，1821－1867）：法国著名的诗人、评论家和翻译家，被视为现代诗歌和现代批评理论的先驱之一。

录、托马斯·布朗爵士[1]、爱伦·坡[2]、沃波尔[3]的书信,以及一本我不愿说出名字的回忆录。你会说,这张书单可真奇怪。好吧,没关系!不是每个人都喜欢坐在橡木桌旁,一边吃着牛排和炸土豆,旁边放着一夸脱泡沫酒。各人有各人的癖好。关键在于,我长期靠生活必需品过日子(医生说这样做非常健康)。然而,就在最近,我鼓足勇气,让人把1500卷书运到了我面前;我把书摆到书架上,后来我又重新把书摆了一遍,最后我干脆随它们去了。

你可以想象,我在这些书前面走来走去,几乎忘记了它们的面孔,那样子幼稚极了。我就像动物园里的孩子,笼子里是雪莱夫人编辑的1839年版雪莱作品集,我差点把它卖给了大英博物馆,因为那个图书管理员以为

---

1 托马斯·布朗(Thomas Browne,1605 — 1682):英国哲学家和作家,以其深邃的思想、富有诗意的文风和对自然、宗教和人类生活的探索而闻名。

2 爱伦·坡(Allan Poe,1809 — 1849):19世纪的美国诗人、小说家和文学评论家,以其神秘和恐怖的故事闻名,是美国短篇小说的先锋人物之一。

3 霍勒斯·沃波尔(Horace Walpole,1717 — 1797):18世纪英国文学界的重要人物,以其小说、信件和文学评论而闻名。

自己没有这本书——结果他有!还有 1652 年巴黎版的蒙田[1]随笔,因为体量太过庞大,它自己就占了一个笼子!我还可以继续讲下去,不过我必须回到自己的论点上。

你认为,在我长时间没摸这些书之后,我读的书会比以前多吗?你认为,我会翻开自己最喜欢的段落吗?根本不会。前几天晚上,我要坐很长时间的电车,出发前,我想选一本书带在身上,但我找不到一本适合在电车上读的书。因为必须赶电车,所以我不得不赶紧挑一本,最后我拿了《哈姆雷特》,这本书我实在是太熟悉了……然后我买了一份晚报,从头到尾读完了,广告也没放过。我对自己说:"这就是我费尽心思,想找一本书与自己做伴的结果!"不过,我早已明白人性是怎么回事,所以对自己的决定毫不惊讶。我能在这次奇特的经历中保持冷静,毫无羞愧。我依然在自己的书前走来走去,享受它们的存在,却不阅读它们。

---

1 米歇尔·德·蒙田(Michel de Montaigne,1533 — 1592):法国文艺复兴时期的著名作家、哲学家和政治家,以其随笔闻名于世。

我想说，人们谈论了（也写了）很多关于阅读的空话。像《安特纳姆》(*The Athenaeum*)[1]这样的期刊，尽管我每周都会津津有味地从头读到尾，然而每当一本经典著作出新版时，它都会用哀伤而悲观的语气表达这样的担忧：很多人只把这些令人愉快的书买回去，却根本不读。即便真是如此，那又怎么样呢？难道我们只买我们读过的书吗？这个问题只需直截了当地提出来，答案就显而易见了。除了少数毕生致力于阅读的人之外，所有对书籍充满热情的人，他们的书架上都摆满了一排排他们从未读过，也永远不会读的书。我自己便有数百本这样的书。我的目光停留在贝克莱[2]的三卷本作品上，这一套书由尊敬的亚瑟·詹姆斯·巴尔弗[3]作序。我无法想象，自己会在什么情况下阅读贝克莱的作品，但我不后悔买

---

1 英国文学评论期刊，创刊于1828年，长期以来在英国文学界和出版界具有影响力。

2 乔治·贝克莱（George Berkeley, 1685 — 1753）：爱尔兰哲学家和主教，以其对理想主义的贡献而闻名。

3 亚瑟·詹姆斯·巴尔弗（Arthur James Balfour, 1848 — 1930）：英国政治家和哲学家，也是20世纪早期英国保守党的重要领导人之一。

了这套好书，如果我没有买，我也会买一套回来。因为我看着这套书时，书中的一些美德传给了我，我因这套书而变得更好。一种哲学的气息弥漫在我的灵魂里，我不像以前那般粗鲁了。这不是幻想，而是事实。

继续以贝克莱为例。你说我应该读贝克莱的作品，就像我应该读斯宾塞、本·琼森[1]、乔治·艾略特[2]、维克多·雨果[3]的作品一样。根本不是这样，关于读书，没有"应该"一说。要是一流文学作品的数量，就像一个世纪前一样，没有多到普通人闲暇时和前半生都无法应付，"应该"的说法还说得过去。但今天的书籍如汗牛充栋，即使那些号称能"读完整个图书馆"的强大职业读者也读不过来。再说，我不是职业读者，我是作家，就像我

---

1 本·琼森（Ben Jonson, 1572 — 1637）：英国文艺复兴时期著名的剧作家、诗人和戏剧评论家。

2 乔治·艾略特（George Eliot, 1819 — 1880）：19世纪英语文学最有影响力的小说家之一。与萨克雷、狄更斯、勃朗特姐妹齐名。

3 维克多·雨果（Victor Hugo, 1802 — 1885）：法国浪漫主义文学的代表作家，被称为"法兰西的莎士比亚"。一生写过多部诗歌、小说、剧本、各种散文和文艺评论及政论文章，在法国及世界有着广泛的影响力，长篇代表作有《悲惨世界》和《巴黎圣母院》。

可能是旅馆老板、律师、医生、杂货商或陶器制造商一样。我利用少得可怜的空余时间读书，而且有时这些空余时间还要干别的事情。我还有其他消遣。我读自己想读的书，我没有义务去读一本我不想读的书。我闲暇时读书，不是出于责任感，也不是为了提升自己，只是因为读书给我带来乐趣。有时我要花一个月的时间才能读完一本书。我想这种情况应该很普遍。但我需要因为自己的阅读习惯，而不去买书吗？不尽然！我想在书架上放很多书，因为我知道它们是好书，我知道它们会给我带来乐趣，因为我喜欢看着它们，因为有一天我可能会心血来潮，翻开来看。（贝克莱，也许下一次就会轮到你！）简而言之，我想买书，是因为我想拥有它们。难道我会因为害怕某个与世隔绝的奇人而放弃买书吗？这个人博览群书，却不知道 JS Muria 雪茄和 RP Muria 雪茄之间的区别，他走进来恐吓我，质问我："先生，您读过您买的书吗？"

因此我想说：买书时，只需考虑两个因素。你是否确信这是一本好书？你是否想拥有它？不要去想自己会不会读这本书。毕竟，买回来的书，人们总归会读一部分。此外，直觉也很重要。花 2.5 个先令买斯塔布斯[1]《金雀花王朝：从亨利二世到爱德华二世》(*Early Plantagenets*)，而不是去盖蒂剧场看《春鸡》(*The Spring Chicken*)[2]的人，很可能是那种在鼓起勇气读这本书之前好几年就能从中吸取精华的人。

---

1 威廉·斯塔布斯（William Stubbs，1825 — 1901）：英国历史学家和圣公宗牧师，主要作品有《金雀花王朝：从亨利二世到爱德华二世》等。
2 《春鸡》是由乔治·格罗史密斯改编的爱德华时代的音乐剧。

买书如山倒，读书如抽丝

"医生，我总是买书不看怎么办？"

"虽然没有看，但书中的一些美德传给了你。"

第 5 节

论成功

普通人在平静的生活中成长，怡然自得。

注定要成功的人在披荆斩棘的环境下成长，同样怡然自得。

是两种迥异的性情。

坦诚相告

有时,整个自由且开明的英国媒体似乎都对"成功"这个话题异常感兴趣。眼下就是如此,几乎没有哪位著名记者没有写过关于成功的文章。最怪异的是,埃米尔·赖希[1]博士居然放下了他通常讨论的柏拉图、公爵夫人和克拉里奇酒店,转而向一份晨报的百万读者传授成功的原则!我无法想象读者对这位博士振奋人心、充满激情的句子有何看法,但我知道,作为一个普通人,我自己是怎么想的。在仔细观察了他对成功"常量"和"变量"的把玩,并目睹他将之取名为"能量学"(energetics)之后——他以为结尾用上"ics",就能变得

---

[1] 埃米尔·赖希(Emil Reich, 1854 — 1910):匈牙利裔英国历史学家、作家和社会评论家,在19世纪末和20世纪初活跃于伦敦文化和学术界,以其广泛的知识和多样化的兴趣而闻名。

和数学（mathematics）一样，我想，这门崇高而古老的神秘艺术也就走不远了。如果和我一起在这悲惨世界中跋涉的普通年轻人，每天早上9点40分到达滑铁卢站，嘴里叼着香烟，怀揣着二等车厢季票和模模糊糊的梦想，如果他对成功学的困惑有我的一半，他可能早就发现了，成功学具有代数的所有缺点，但毫无板球的任何优点，所以最好还是别信这一套，以免厄运降临到自己身上。如果他们还不明白，成功学是怎么回事，我决定坦诚讨论一番，虽然我讲的内容可能令人不悦。在我看来，说出关于成功的真相，就如同说出关于美国的真相一样危险，但我已经完全习惯了子弹在我头顶呼啸，所以我还是决心一试。

大多数谈论"成功"的作家出于好心，都会显得极其虚伪。因为他们辩论的基础是，几乎任何专心致志的人都能取得成功。然而，这是错误的。成功的核心理念在于，从普通人中脱颖而出，不管哪种类型的成功，都有这个特点——与众不同。向广大人群发表讲话，告诉他们如何从人群中脱颖而出，简直荒唐。当然，我此处指的是"成功"的普遍含义。如果人性比当下更完美，那么人生的成功将意味着对自我的深入了解，从哲学上获得内心的平静，这样的目标大多数人都能实现。但对我们来说，成功意味着其他东西，并可以分为四类：（1）纯科学或应用科学领域的杰出表现。在我们看来，这是最不庸俗的一种成功，因为它常常意味着贫穷，却不一定意味着名声。（2）艺术领域的杰出成就。这种成功通常意味着名声和奉承，尽管它们通常不会带来财富。（3）对其他人物质生活的直接影响和掌控，换言之，在国家或地方政治领域取得杰出成就。（4）成功积累财富。最后这种是最常见的，也是最容易实现的成功形式。大多数成功都可以归为这四类。那些有点名气、受人赞赏的普通人有可能获得这些成功吗？你们这些成功学教授都知道，不可能！因为只有极少数人能发财致富。

幸运的是，虽然按照一般理解，大多数人在本质上无法取得成功，但有一个真相能起到一丝安慰作用，即大多数人并不渴望成功。这句话听起来可能很狂妄，但事实确实如此。想象一下，街上某个人突然因为某种奇迹获得了政治权力，当然，他有义务行使这种权力。一周后，他会心烦意乱、疲惫不堪，甚至十分恼怒，以至于他宁愿瞎了眼睛，也要摆脱这种权力。至于在科学或艺术领域取得成功，其实与科学家或艺术家相比，普通人对这些事情的兴趣是如此微不足道，所以根本谈不上兴趣。即使他在这些领域取得了杰出成就，也会因为缺少投入，很快变得泯然众人。普通人当然渴望金钱，而且通常会不遗余力地赚钱，满足本能需求。他会竭力创造条件，挣足够的钱，以便达到结婚所需的"社会条件"，但正是这个时候，他对金钱的真正渴望将不再活跃。无论是普通人，还是天才，都有一个共同点，那就是他们的职业生涯主要受到本能的驱使。普通人在平静的生活中成长，怡然自得。注定要成功的人在披荆斩棘的环境下成长，同样怡然自得。这是两种迥异的性情。当然，普通人偶尔也会做一些模糊的梦，梦想着成名致富是多么美好。人人都会做这样的梦，但模糊的梦想不是渴望。我经常告诉自己，我愿意付出一切，练成与杂耍演员辛克瓦利[1]一样的高超技艺，或者成为大西洋上最大班轮的船长。但我内心深处告诉自己，我希望像这些杰出人物一样，并不是我真正的愿望，就算实现了，也不会增加我的幸福感。

要真正了解人类从摇篮到坟墓的整个历程，就不能将整个国家的情况作为研究对象，甚至不能将大城市作为研究对象，比如曼彻斯特或利物浦这样的大城市。这些城市太过巨大，太令人困惑，以至于观察者无所适从。最好选择一个小镇，比如有两三万居民的小镇——我们大多数人或多或少都熟悉这样的小镇。那些注定要脱颖而出，为了成功而奋斗的极少数人，一眼就能识别，因为他们做的第一件事就是离开小镇。对他们来说，小镇的氛围不够振奋人心，他们渴望更刺激的东西。留下来的人构成了一个微观宇宙，足以代表大千世界。这些人到了而立或不惑之年，便开始自动分门别类，在自己的

---

[1] 辛克瓦利（Cinquevalli）：19世纪末和20世纪初著名的马戏表演者和技艺表演家，以其卓越的杂耍技巧和马戏表演而闻名。

领域里找到自己的位置。

十几名政客组成镇议会，统治着这个小镇，大约五六名商人代表着这个城镇的商业活动和财富。还有一些人教授科学和艺术，或者在当地被称为植物学家、地质学家、音乐家或其他领域的什么专家。这些人是杰出人士，可以看出他们的数量不多。那其他人呢？他们为成功而奋斗，却失败了吗？没有。他们老了，就变成失意之人吗？没有。他们低调地实现了自己的目标，得到了自己真正想要的东西，他们甚至从未接近成功之争的边缘，但他们并没有失败。失败的人其实很少。你看到一个衣衫褴褛、神情沮丧的人在大街上走过，有人说："那是某某某，一个生活的失败者，一个可怜的家伙！"这些话的语气本身就证明了真正的失败是罕见的。当然，很多人可能很好奇，那些离开小镇，去寻求大写"成功"的人后来怎么样了，接下来我就会谈到。

成功与失败

我已经大胆指出,成功并非大多数人的奋斗目标,也不可能成为大多数人的奋斗目标。我想说的是,少数人并没有以通常方式取得成功,我想对此表达我的感激之情。人们常常认为,成功意味着走所谓的"本杰明·富兰克林"之路。确实,富兰克林是个伟人,他身上有许多杰出的品质,这些品质与列奥纳多·达·芬奇的品质一样,只是表现方式不同。我对富兰克林十分钦佩,但他的自传确实让我愤怒。这部自传被认为是经典之作,如果你在美国说一句它不好,你很可能连命都保不住。不过,我最近没有去美国的打算,所以我斗胆说一句,本杰明·富兰克林的自传是一本令人厌恶的书,也是一本误人子弟的书。此外,还有两本书,我更愿意痛斥。一本是《塞缪尔·巴吉特:一名成功的商人》(*Samuel*

Budgett: The Successful Merchant*），另一本是《从小木屋到白宫》（*From Log Cabin to White House*），讲述的是加菲尔德总统[1]的生平。这类书籍可能会让年轻人感到困惑，但并无危害（顺便说一句，富兰克林的自传最初以写给儿子的一封信作为开头），但一个成年人要是读这些书，却毫无厌恶，那他真该去看医生，因为肯定有什么地方出了问题。

富兰克林心平气和地说："我在城里结识了一些热爱读书的年轻人，与他们一起度过了非常愉快的夜晚；我靠勤劳和节俭赚了一些钱。"他还说，"大约在这个时候，我构想了一个大胆而艰巨的计划，即达到完美的道德境界……我做了一个小本子，每一页列出一种美德。我用红墨水在每一页上画出七列，一列代表一周的一天……再用红墨水画出十三条横线，每一行的开头都标有一种美德的首字母，如果哪天我违背了哪项美德，我就会在

---

1 詹姆斯·艾布拉姆·加菲尔德（James Abram Garfield，1831－1881）：美国第 20 任总统，任期非常短暂，就职仅半年便遇刺身亡。

相应的小格子里，标上一个小黑点。"富兰克林的幽灵，无论你在何处，我都要说，这样确实有点做作！一个人做出这种一本正经的行为也就算了，但他真的不应该把它们写下来，尤其是写给自己的儿子看。为什么要白纸黑字地写下来呢？如果富兰克林的儿子没有因为这本怪诞的自传而走上邪路，那他几乎和他父亲一样了不起。富兰克林书写自己的"不朽经典"可能有以下三个目的：（1）纯粹的自负。他确实是个一本正经的人，但他并不自大。（2）希望别人能从他的错误中吸取教训，但他从来没有犯过任何错误。他偶尔会强调一些微不足道的错误，但那"只是他的乐趣"。（3）希望别人能从他高深的智慧中获益，取得类似的成功。最后这一项无疑是他的主要动机。富兰克林是个诚实的人，而且还是个天才！但关键是，他的成功绝非美德和智慧的结果。我想说，正是他那可怕的美德和智慧阻碍了他的成功。

　　成功人士很少能够引导他人取得成功，因为他们往往不理解自己为何成功。如果一本流行杂志邀请他分享自己的经历，为整个国家的年轻人提供建议时，他很难表现得自然而真诚。他知道人们期望他做什么，就算他并不是身无分文地来到伦敦，他也会编一些同样荒唐的事情，这样文章或采访的基调就定下来了，背后的真相从此不见天日！最近，一家日报刊登了一篇自传式的说教性文章，作者是世界上最富有的人之一，这是我见过的最"苍白无力"的文章。成功人士往往会把生活中的很多事情藏起来！再说，用美好、愉快、符合传统定义的方式来讲述成功，是最容易的事情。实际上，成功不过是一场少数人达成默契，欺骗多数人的巨大阴谋罢了。

成功人士是否比不成功的人更勤奋、节俭、聪明呢？我认为不是。我曾近距离研究过成功人士，他们最常见的特征之一就是懒惰，这些人浪费时间的能力极强。我坚决认为，成功人士通常比较懒惰。至于节俭，成功人士几乎不具备这种素质，金融家尤其如此。至于智慧，我一次又一次地为成功人士缺乏智慧而感到震惊。事实上，他们有时还会犯下毁掉一个普通职员的愚蠢行为。成功人士周围的圈子经常在讨论，他们是多么缺乏智慧。还有一点：成功人士很少会因为生活安排得井井有条而获得成功,他们是最不讲究条理的生物。当然,他们一旦取得"成功",就会开始自娱自乐,给大多数人留下这样一种印象——正是因为自己从一开始就专注于目标,精心规划了每一步,所以才取得成功。

不!伟大的成功从不取决于谦卑的美德,有时甚至可能依赖于傲慢的恶习。人们当然要讲究勤奋、节俭和常识,但不要指望它们会帮你取得成功,因为这是不可能的事情。毫无疑问,有人会说,我刚刚写的内容不符合道德,是对懒惰、吝啬等的鼓吹。其实,我们国家的主要缺点之一在于,人们虚伪地想要掩盖真相,借口是承认真相会鼓励罪恶,但实际上是因为我们害怕真相。我不会犯这个错误,因为我喜欢直面事实。我完全相信,从一般情况来看,不成功的大多数人比成功的少数人拥有更多的美德。比如伦敦,难道数百英里长的街道上没有挤满勤奋、节俭和谨慎的人吗?我认识的一些最聪明的人都失败了,而且不是因为品格问题,一些最没有天赋的人却取得了惊人的成功。没有哪个领域的成功,可以用普遍的传统原则来解释。亲爱的读者,我听到你在自言自语:"这些话挺有道理,但这人不过是自娱自乐,说一些不着边际的东西罢了。"但愿我能说服你,我是多么认真。我分析了哪些因素不能带来成功,接下来我会阐述哪些因素能带来成功。虽然我知道有时候解释再多,也是徒劳无功。

成功的内在性

毫无疑问,我们无法解释成功,就像无法解释贝多芬的《c小调交响曲》一样。我们可以说出这首曲子是用什么调子写成的,可以对其形式进行专业思考,可以对其主题进行分类,可以将其与之前和之后的交响曲进行比较,但最终我们只能说,《c小调交响曲》是美的——因为它确实美。同样,我们只能说成功与失败之间唯一的真正区别在于,成功意味着做到了。既然我把话说开了,我想把成功分为三类:

第一类是偶然的成功。它归功于我们所说的机会,而不是别的因素。如今的人们依然非常迷信,因为机会的反复无常对我们产生了奇怪的影响。假设我去游戏室玩牌,我语气坚定地告诉一位朋友,接下来会出红色,然后把注都押到红色上,结果我押中了!尽管我朋友是个理智的人，但他也会隐约觉得我身上有一种神秘的力量。然而，这件事纯属偶然。如果我连续押中 6 次，所有玩家都会对我感兴趣。如果我连续押中 12 次，现场所有玩家都会对我敬畏不已，但这些都是偶然事件。如果我连续押中 18 次，我的名字将会出现在欧洲的所有报纸上，但这依然是偶然事件。在玩牌这件事情上，我肯定算得上极其成功，但绝大多数人会本能地认为，我拥有某种特殊的天赋。

既然讲究偶然性的领域都会发生超自然现象，那么在有人故意掩盖偶然性的领域，人们拒绝接受"纯粹偶然"的可能性就更大了！然而，在目睹他人成功的人心中，毫无疑问，成功的一部分确实纯粹归因于偶然。无论是现在，还是过去，成功人士的身上根本没有什么与众不同的特质。对他们来说，只不过押中红色的次数太多了。人们普遍相信，成功不仅仅是偶然的结果，因此成功人士的头上便有了超凡脱俗的光环。有人说，成功绝不仅仅归因于机会，这种说法很荒谬。因为几乎每个人的亲身经历都表明（虽然程度不一），成功有时确实是偶然事件。

第二类是指谈不上天赋异禀，但具有成功才能的人取得的成功。我会这样描述这些人，虽然他们确实值得一些回报，但这种回报算不上耀眼的成就。他们给人们的印象是德不配位，我们在各行各业都能见到这样的人，但对他们，我们谈不上真正的尊重。他们激起了我们的好奇心，也许还有我们的嫉妒。他们可能确实平步青云，但可能令其不快的是，世人始终对他们持保留态度。如果他们能读到自己的讣告，不管我们多么友好地遵守"死者为大"的原则，他们肯定都会发现，这讣告写得冷冰冰。正是这一类成功人士让社会学者感到困惑。为什么这些人明明没有什么天赋，却能取得神秘而又难以捉摸的成功呢？在我看来，这类人始终具有某些特征，其中最重要的就是对成功持续不断、永不满足的渴望。他们极度渴望成功，而一般人没有这么强烈的渴望。我们时不时地梦想成功，但我们的激情远远不够，因为我们不会彻夜难眠地思考这个问题。

这类人的第二个特征源自第一个特征，即始终保持警觉。不过,警觉不等同于勤奋。我前面提到,成功人士通常不算特别勤奋。一个人在木筏上把衬衫当成信号旗,不能称为勤奋,但他会保持警觉,睁大眼睛寻找地平线上的船帆。如果他光是躺着,什么也不做,他可能会错过一生中的关键机会。对成功保持敏锐的人,从来不会在木筏上睡觉,而是日复一日,不知疲倦地扫视大海。看到船帆后,他会站起来,坚定地挥动衬衫,船上的人肯定会看到他,把他接走。有时他会冒着被鲨鱼吃掉的危险或其他危险,跳入海中。如果他没有"成功上岸",那我们自然不知道背后发生的一切。如果他成功上岸了,肯定会有人——也就是所谓的传记作家,将他勇敢面对的鲨鱼数量乘以十。

这是一个比喻。这些成功人士的另一个特点是,他们似乎常常不按常理出牌。他们会迷恋某些事业,在一般人看来,这些事业既疯狂又没有出路。接着,一般人会拿出无可辩驳的论据,驳倒这项事业取得成功的希望。一般人会说,这项事业看起来太愚蠢了,不仅以前无人尝试,也不符合人类的需要。一般人会说:"这个家伙的脑子有问题。他无法反驳我的观点,只懂一条道走到黑。"注定要成功的人会继续前进,也许他的事业会失败,因为失败乃常事,接着,一般人会大肆宣扬,"看吧,我早就告诉过你",但成功人士会继续保持警觉。他的渴望没得到满足,他对注定要失败的事业仍然抱有无法打消的兴趣。然后有一天,这项注定失败的事业居然成功了。我们都听说过这样的事情,并目瞪口呆,惊愕不已。但这人遭受的失败,我们从未听说过。一旦某人取得成功,成功就成了一种习惯。成功与失败的差别其实很小,成功者往往更容易成功,失败者往往更容易失败。机会对成功人士的事业起着重要作用,但并非决定作用。只能说,最开始的运气是最重要的。这些"成功人士"通常性格灵活,很少做违背道德之事,他们讲良心,但又不受制于良心。简而言之,他们的生活讲究妥协。

最后是第三类成功,即拥有纯粹的高尚品德。我既不是悲观主义者,也不是乐观主义者,我只想找到真相。我想说的是,第三类成功占成功总数的10%,而且这个估值已经很宽容了。原因并不是没人欣赏高尚的品德,这类成功的比例之所以较小，是因为纯粹的高尚品德实在太少了。我称之为罕见的成功，应该合情合理吧？这种成功不需要解释，也不需要剖析。既然人们坚信正义胜利原则，那么拥有纯粹的高尚品德被视为一种成功，是再合理不过的事情。当我们看到真正杰出的人，在不牺牲自己尊严或良知的情况下，迅速赢得大多数人的赞誉（虽然这些善良的人们通常缺乏敏锐的判断力和感知力），我们当然有充分的理由感到欣慰。

[正文完]

成功的定义

不以世俗意义的成功来定义自己

其实用喜欢的方式过一生,就是最大的成功

下班后开启新的一天

Step 1　去除班味 恢复元气

一整天高强度的工作后,我们常会感觉疲惫不堪,对任何事都提不起兴趣,一心只想躺平。因此,下班后要快速脱离"工作模式",进入真正让自己放松的空间。

Tips:必要的电子戒断,可以帮我们找回生活本身的样子。

切换到休息模式

- [ ] 立刻洗澡,换干净柔软的衣服
- [ ] 沉浸式整理房间
- [ ] 亲手做喜欢的健康食物
- [ ] 去户外散步
- [ ] 听喜欢的音乐
- [ ] 正念冥想

Step 2　平衡工作与生活

想要从工作中恢复和放松，让大脑完全关机是不奏效的，实际上，我们需要做一些动脑子的事情，来让大脑切换频道，这对摆脱工作压力、恢复元气非常有效。如果下班后只想做一些不动脑的消遣活动，那工作就会越来越重要，甚至占据我们生活的全部，当遇到工作压力时，生活就会有崩溃的风险。

Tips：寻找兴趣所在，敢于尝试，尽情投入，请开始行动吧!

拓展边界

- [ ] 跳舞
- [ ] 绘画
- [ ] 做手工
- [ ] 学一门语言
- [ ] 学习写作
- [ ] 学 PS、视频制作

运动

- [ ] 瑜伽
- [ ] 健美操
- [ ] 乒乓球、羽毛球
- [ ] 跑步
- [ ] 骑行
- [ ] 滑板

阅读

- [ ] 建立阅读体系
- [ ] 明确阅读目的:要解决的问题;想了解的方向
- [ ] 构建阅读清单:列出图书清单
- [ ] 制定阅读计划:规划阅读时间和进度
- [ ] 找到阅读方法:通读;精读
- [ ] 评估阅读效果:交流;总结;反思

☀ 24 小时计划表

date

M T W T F S S

时间	
06:00	**今日目标**
07:00	
08:00	
09:00	
10:00	
11:00	**今日待办**
12:00	○
13:00	○
14:00	○
15:00	○
16:00	○
17:00	○
18:00	
19:00	
20:00	**今日笔记**
21:00	
22:00	
23:00	
24:00	

周计划表

week　　M　T　W　T　F　S　S

本周目标

本周待办　　☐ 周一　/　　☐ 周二　/　　☐ 周三　/

○
○
○
○
○

☐ 周四　/　　☐ 周五　/　　☐ 周六　/　　☐ 周日　/

本周总结

✿ 月计划表

month　1 / 2 / 3 / 4 / 5 / 6 / 7 / 8 / 9 / 10 / 11 / 12

本月目标

☀
☀
☀

☐ 01　　☐ 02　　☐ 03　　☐ 04

☐ 05　　☐ 06　　☐ 07　　☐ 08

☐ 09　　☐ 10　　☐ 11　　☐ 12

☐ 13　　☐ 14　　☐ 15　　☐ 16

☐ 17　　☐ 18　　☐ 19　　☐ 20

☐ 21　　☐ 22　　☐ 23　　☐ 24

☐ 25　　☐ 26　　☐ 27　　☐ 28

☐ 29　　☐ 30　　☐ 31

如何度过每天的24小时

作者 _ [英]阿诺德·本涅特   译者 _ 魏微

产品经理 _ 赵凌云   装帧设计 _ 达克兰   产品总监 _ 邵蕊蕊
技术编辑 _ 陈鸽   执行印制 _ 梁拥军   出品人 _ 李静

物料设计 _ 孙莹

果麦
www.guomai.cn

以 微 小 的 力 量 推 动 文 明

图书在版编目（ＣＩＰ）数据

如何度过每天的24小时 / （英）阿诺德·本涅特著；魏微译 . -- 昆明：云南人民出版社，2024. 10（2025. 7重印）. -- ISBN 978-7-222-23032-3

Ⅰ．C935

中国国家版本馆CIP数据核字第2024DT5135号

责任编辑：刘　娟
责任校对：陈　迟
责任印制：李寒东

如何度过每天的24小时

RUHE DUGUO MEITIAN DE 24 XIAOSHI

〔英〕阿诺德·本涅特 著　魏微 译

出版	云南人民出版社
发行	果麦文化传媒股份有限公司
社址	昆明市环城西路609号
邮编	650034
网址	www.ynpph.com.cn
E-mail	ynrms@sina.com
开本	787mm×1092mm　1/32
印张	6
印数	43,001—48,000
字数	85千字
版次	2024年10月第1版　2025年7月第9次印刷
印刷	河北鹏润印刷有限公司
书号	ISBN 978-7-222-23032-3
定价	35.00元

如发现印装质量问题，影响阅读，请联系021-64386496调换。